OHSAMA BUNKO

一瞬で気持ちを切り替える脳内ひとりごと

吉村園子

三笠書房

はじめに

私たちは毎日、頭の中で、何万語もの「ひとりごと」をつぶやいています。

それがどんなひとりごとかによって、ネガティブになってしまうこともあれば、ポジティブな気分に変われることもあります。

ある人にとってはひどく落ち込む出来事も、別の人にはたいした問題ではないこと、ありますよね。後者は、頭の中で繰り返される〝ネガティブなひとりごと〟をストップして、〝ポジティブなひとりごと〟に切り替えられる人です。


日々、無意識にもらしている「脳内ひとりごと」をポジティブに変えることができたら、もっと生きやすくなります。いつもなら、クヨクヨ、モヤモヤしていた出来事に対して、今までとは違う前向きな視点から向き合えるようになります。身の回りにある〝いいこと〟にたくさん気づけるようになり、心の状態も安定します。さらに、他者への理解もすすみ、コミュニケーションを円滑にすることもできます。

本書では、さまざまなシーン別に身近な事例を用いつつ、具体的な心理学のテクニックも交えながら、一瞬で気持ちをポジティブに切り替える「脳内ひとりごと」のコツをお伝えします。

大丈夫。難しいことなど一つもありません。

まずは試しに実践してみてくだされば、「出来事→ネガティブなとらえ方」と、パターン化していたものが、「出来事→ポジティブなとらえ方」に変わります。

この本を手に取ってくださったあなたの気持ちが、前向きで、穏やかなものに切り替わっていただけたら嬉しいです。

吉村園子

目次

第1章

イヤなことを言われたとき……

人間関係がうまくいく「脳内ひとりごと」

第2章

怒りが湧いてきたとき……

カッ！　とならない「脳内ひとりごと」

第3章

なんだか後悔したとき……

ポジティブな人になる「脳内ひとりごと」

第4章

テンションが上がらないとき……

自分も相手もハッピーになる「脳内ひとりごと」

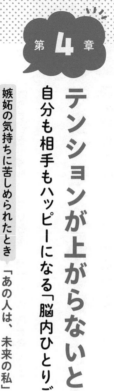

第5章 不安で落ちつかないとき……

頭の整理整頓をする「脳内ひとりごと」

編集協力◎樺木宏／玉置見帆
章扉イラスト◎くにともゆかり
本文ＤＴＰ◎株式会社Ｓｕｎ Ｆｕｅｒｚａ

第1章

イヤなことを言われたとき……

人間関係がうまくいく「脳内ひとりごと」

「いちいち口を出さないでよ」
と反発するより

認知論

人と意見が合わないとき

「いちいち口を出さないでよ」と反発するより――

「そういう考え方か。引き出しが増えたな」

人はそれぞれ「オリジナルのメガネ」をかけている

上司に指示された仕事——。

「よし、できた。これでOK！」と上司に確認をしてもらったところ、ここはこうすべきだ、ここはこう直したほうがいい、と、あとからあれこれ意見を言われて、イヤな気持ちになり、モチベーションは、だだ下がり……。

そんな経験はありませんか？

自分とは意見が違う。いまいち納得できない。でも、上司からの指示だから従わなければならない——。

「まったく、やってらんないな……」

そんなときに効くのが、

「そういう考え方か。引き出しが増えたな」

という「脳内ひとりごと」なのです。

人はそれぞれ「オリジナルのメガネ」をかけています。

そのメガネを通して、ものを見て、考え、行動しています。

たとえば、Bさんの場合。Bさんは上司から指示されて、お客様に送るある書類を作成することになりました。

Bさんは、この書類は「信頼感」が大切だと、できるかぎり丁寧な言葉を使い、しっかりした文面にすることを心がけて仕上げていきました。

それを上司に見せたところ、「なんか硬いよ。たとえば、こんな感じで、もっと『親近感』のあるものに直して」と修正の指示をされました。

自分なりの考えがあって仕上げた文面だったので、Bさんは自分の仕事を否定されたような気になりましたが、たしかに上司の言うように親しみのあるものにしてみると、よりお客様に寄り添うような文面に仕上がりました。

「なるほど。親近感が大切。そういう考え方もあるな」

私たちは、生まれてからこれまでのさまざまな経験を通して、自分の考え方や、ものの見方をパターン化していきます。そして、「○○はこうあるべきだ」という信念や価値観といったものものつくり上げていきます。

これは、アドラー心理学で「**認知論**」といわれるものですが、ここでのポイントは、それが正しい・正しくないではなく、人はみな誰もが「オリジナルのメガネ」をかけてものを見て、考え、行動している、ということです。

思考、価値観、ルール……。人との「違い」を感じたときは、無駄に怒ったり、落ち込んだり、モチベーションを下げたりする必要はありません。

人はみな「オリジナルのメガネ」をかけているのだということを思い出し、「そういう考え方をするのか。勉強になった。引き出しが増えたよ」と、心をまるくする言葉で対応しましょう。

☑ あなただって「オリジナルのメガネ」をかけている。

加点主義

ダメ出しをされたとき

「あの人と比べたら、私ってダメだな」とヘコまずに――

「比べる相手は、過去の自分だよね」

ついい、「〇〇さん」と比べそうになったら――

相手からの「ダメ出し」に傷つくことってありますよね。

特に自分が気になっているところを他人と比較され、ダメ出しをされると、すごく落ち込みます。

「〇〇さんに比べると、私ってダメだな……」と。

こんなときに効果的な、とっておきの方法があります。

それは比べる対象を「他人」ではなく「自分」に置き換えることです。

「比べる相手は、過去の自分だよね」

そんなふうに、頭の中でつぶやいてみましょう。

たったこれだけで、不思議なくらい心が晴れていきます。

たとえば、Lさんの場合。

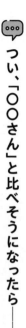

彼女は、営業の仕事をしていましたが、このところ結果が出ていませんでした。なんとかしなければならない……自分でもわかっていましたが、そんなLさんに追い討ちをかけるように、「最近、全然、結果が出ていないじゃないか。Mさんは順調に結果が出ているのに。Lさん、ちょっとトーク力が足りないんじゃないか」と上司に言われました。


「たしかにMさんに比べると、私って、営業トーク力がないな」

「だから、うまく商品の魅力を伝えられていないのかもしれない」

「そもそもお客さんのニーズをきちんと把握できていないのかも」

「クロージングも上手にできないし、押しも弱いんだろうな」

……と、頭の中で、自分への「減点」が止まらなくなりました。


そんなときこそ、「比べる相手は、過去の自分だよね」なのです。

そうして比べる対象を「○○さん」から「過去の自分」にした途端に、思考が一変します。

昔から比べると、初対面の人とでも話せるようになったこと、お客さんの求めていることが分析できるようになったこと、じつは五年前と比べると売り上げが二倍以上になっていること……など、どんどん「加点」していくことができます。

あれもよくなったし、これもよくなっている、とまるで足し算をしていくように自分にいい評価を与えていくことができ、自己肯定感も高まります。

「加点主義」なら、先に挙げたような、誰かに他人と比べてダメ出しをされたとき、無駄に傷つくことはなくなります。また、「隣の芝生は青く見える」ことも少なくなります。つまり、必要以上に他人がすばらしく、うらやましく見えてしまうようなこともなくなります。

人と比べられて傷ついたり、自分で勝手に落ち込みそうになったりしたら、ぜひこの「脳内ひとりごと」を活用してください。

☑ **大丈夫。あなたはちゃんと成長している。**

メラビアンの法則

相手が無愛想なとき

「なんか怒っているのかな?」
と焦らないで――

「いや、待て。もっとよく
相手を観てみよう」

愛想がない＝本心とは限らない

初対面――会話が弾まずに、相手はボソボソと返してくる感じで愛想がない。

「なんか怒っているのかな？」

「つまらないのかな？」

「私に関心がないのかな？」

と、思ってしまうことはありませんか？

しかし、相手の無愛想な態度と本心は、必ずしもイコールではありません。

そのことに気づく方法があります。それが、

「いや、待て。もっとよく相手を観てみよう」

という「脳内ひとりごと」。そして、それを実践することです。

たとえば、起業したばかりのHさん。

Hさんには、昔から憧れている起業家のBさんがいました。ある会合で、そのBさんに会えるチャンスがあり、Hさんは、喜び勇んで会場に足を運びました。

Hさんは、Bさんに会うと、さっそく話しかけました。伝えたいこと、聞いてみたいことがたくさんありました。ところが……Bさんは、なんだか無愛想。あまり目も合わさず、声も小さく、返ってくる言葉はポツリ、ポツリ、といった感じです。憧れの存在であることを伝えても、べつに嬉しそうな顔をしません。

「私の話、つまらないのかな……」

「もしかしたら、私になんか関心がないのかもしれない……」

「このまま話しても迷惑なのかも……」

と、頭の中のネガティブなおしゃべりがはじまり、せっかくの勇気もみるみるしぼんでいきました。

このときこそ、「いや、待て。もっとよく、相手を観てみよう」の出番です。

Hさんが、「もう切り上げよう」と思ったときに別の方がBさんに話しかけてきました。すると、その人に対しても同じように愛想のない対応をしていたので、Hさんは気づいたのです。「この人は誰に対してもこんな感じなんだ」——と。

そして、もっとよく観察してみると、Bさんは一見、無愛想だけれど、じつはかなりの照れ屋なのかもしれない。たしかに言葉は少ないけれど、質問されたことへの答えは的確で、さすがだな……などと気づくことができました。

コミュニケーションにおいて、私たちは「言葉」だけではなく、態度や声、姿勢、身体の動きなどから無意識的にも人を観察しています。これは心理法則の一つで「**メラビアンの法則**」といいますが、そのため人を誤解しがちなのです。

相手の無愛想な態度や言葉にイヤな気持ちになったときには「言葉＝本心とは限らない」ということを思い出し、相手をもっとよく観察してみてください。

☑あの人のことを勝手に「誤解」していませんか？

バックトラッキング

理屈っぽい相手をかわすとき

「思いがちっとも伝わらない」とイライラするより――

「自分の言葉ではなく、相手の言葉で返してみよう」

不思議と信頼を得られる「オウム返し」

もし、あなたが自分なりの考えを一生懸命伝えたとき、「その根拠は?」と理論で責められたり、「お話にならないな」と理由もなく無下にされたりしたら、心穏やかではいられないでしょう。日頃から付き合う必要のある相手に、いつも同じような対応をされれば、話をするのも避けたくなるかもしれません。

残念なことですが、人の数だけ考え方があり、「思いは必ず伝わる」とはなかなか言えないのが現実です。

こんなとき、難しい現状を突破できるかもしれない方法があります。

とりあえず、自分の言いたいことは置いておいて、

「相手の言葉で返してみよう」

と、考え方を切り替えるのです。

職場で重要なプロジェクトのメンバーに選ばれたNさんは、すぐに企画書を作成しました。ところが、プロジェクトのリーダーにすげなく却下されたのです。

「以前、同じようなやり方で結果が出せなかった」

「このデータは根拠として不十分」

言いたいことはわからなくもありません。でも、実際には理屈で割り切れないことはたくさんあるし、このままでは何も挑戦できない——そう反論しましたが、Nさんの気持ちは届かなかったのです。

これでは仕事が進まないと頭を抱えたNさんは、ここでリーダーとのコミュニケーションのやり方を変えてみることにしました。

リーダー「前回と比較して、集客率が2割も下がってる。ターゲットがずれてる可能性があるな」

Nさん「前回と比較して、集客率が2割も下がっているんですね。リーダーは、ターゲットがずれている可能性があると思われるのですね」

このように、主張したり反論を述べたりするより、リーダーの使った言葉をそのまま復唱したのです。「バックトラッキング（オウム返し）」といわれるこの方法は、「あなたの話を聞いていますよ」と伝わることから、相手からの信頼感や安心感を得やすいのです。また、相手にしてみれば自分の発した言葉を再確認することになり、そこに矛盾や間違いがあれば気づいてもらいやすくなるというメリットもあります。

実際に数日後、Nさんは「あなたはどう思うかな？」と、リーダーから初めて意見を求められました。

理屈ばかりの相手にうんざりすることがあっても、「相手の言葉で返してみよう」という「脳内ひとりごと」を思い出して、衝突することなく、理屈責めをうまくかわしながら、理解し合える方法を模索してみてください。

☑ 無駄に主張しないほうが、いい方向に転ぶこともある。

アンコンシャスバイアス

余計なお世話にイラついたとき

「アドバイスなんて誰も頼んでないんだけど」
と思ったら――

「聞くもよし。
聞かぬもよし。
素直はなおよし」

聞き入れるか、聞き入れないかは「あなた次第」でいい

アドバイスというのは、窮地を救ってくれるありがたい知恵にもなりえますが、ときに「あなたのやり方は間違っているよ」と自分を否定されたような気持ちになり、素直にその言葉を受けとれないこともありますよね。

あなたのためを思って言ってくれたのだとわかっていても、反発したい気持ちになってしまったのなら、次の「脳内ひとりごと」を繰り返してみてください。

「聞くもよし。聞かぬもよし。素直はなおよし。」

つまり、アドバイスを受けたあなたには、とりうる選択肢がいくつもあるのです。アドバイスは、必ず受けとらなければならないものではありません。

その「しなければ」という思い込みから自分を解放してあげましょう。

Lさんの同僚であるCさんはたしかに仕事のできる人ですが、作業中にわざわざLさんのパソコンを覗き込んでは、

「効率悪くない？　ショートカット使えば簡単なのに」

「その案件、もっといいやり方があるよ。教えようか？」

と、頼んでもいないのに口を出してきます。

Cさんに悪気はないのでしょうが、アドバイスされるたびに「要領が悪い」「仕事ができない」と否定されたように感じるのです。表面的には感謝して教わったとおりにしますが、内心モヤモヤしていました。

ところがある日、やはりCさんから同じように口出しされた後輩が、「へえ、そうなんですか」と受け答えしつつ、アドバイスをスルーしている場面を目にしたのです。

そのときLさんは初めて「アドバイスは必ず受け入れなければいけない」と思い込んでいる自分に気がつきました。

こうした「しなければ」という無意識の思い込みのことを「**アイコンシャスバ**

イアス」といいます。

「アドバイスされたら、素直に受け入れなければ」

「先輩の指示だから、言われたとおりにするべきだよね」

「上司より先に、部下が退社するのはマズイな」

というように、私たちは無意識下にある思い込みで判断・行動しがちです。

でも、「本当にそうなのかな？」「他のやり方はないかな？」と考えることで、自分自身に選択肢を増やしてあげると、思い込みから抜け出せます。

抜け出した結果、「やっぱり、素直にアドバイスを聞いたほうが自分のためになるかも！」と、相手の言葉を受け入れやすくなることもあります。

もし誰かの言葉によって自分の思考や行動が制限されているように感じたら、「聞くもよし。聞かぬもよし。素直はなおよし」と脳内でつぶやいて、心も頭もやわらかくしてみましょう。きっと突破口が見つかります。

☑ **自分に選択肢を増やしてあげよう。**

所属欲求

嘘や悪口を聞いてしまったとき

「信頼していたのに……」
と裏切られた気持ちでいるより――

「あなたは
自分を守りたかったの？」

きっと何かワケがあったのだ、と考えてみる

聞きたくもないことを耳に入れたがる人はどこの世界にもいるものです。

「そういえばこの間、○○さんがあなたのことをね……」

などと、仲よくしている人から悪口を言われたと教えられれば、ショックを受けずにはいられません。もしくは、とても信頼していた人に実は嘘をつかれていたと気づいたときも、同じように信頼関係は崩れてしまうはずです。

もし相手を信頼できなくなりそうな不安に襲われたときは、

「あなたは自分を守りたかったの？」

と「脳内ひとりごと」をつぶやいてみましょう。不安や恐れから少し距離をとって、相手を違う視点から見てみるのです。

地元から離れて暮らしているJさんは、中学時代に所属していたバスケット

ボール部のチームメイトを大事に思っていました。今でも帰省すれば、みんなで集まり近況を報告し合う仲です。しかしあるとき、チームメイトの一人から、「この間、Dさんがあなた（Jさん）の悪口を言っていたの。ひどいよね」と報告を受けたのです。

怒りや悲しみで目の前が暗くなってしまいそうでしたが、Jさんはあえて考え方を切り替えてみました。

「あなたは自分を守りたかったの？」……と。

よくよく話を聞いてみると、そのとき話題にのぼっていたのは、Jさんの結婚についてだったようです。

そして、Jさんの結婚話にケチをつけたDさんは以前、チームメイトたちが次々結婚する中、自分の結婚に焦っていたことを思い出しました。

人間には、「安心できる場所にいたい」「誰かとつながっていたい」「受け入れてもらいたい」という「**所属欲求**」があります。周りから疎外されないように努力するのは、私たち人間が持っている正常な習性です。

Dさんは、ただ自分たちの居場所からはじき出されないために、必死だったのかもしれません。悪口はつらかったけれど、JさんはなぜDさんがそんなことを言ってしまったのか、理解できなくもありませんでした。ですから、時間はかかりましたがDさんとの信頼関係も、少しずつ回復することができたのです。


私たちは人生において、いろいろな人たちと関わります。ときには悪口や嘘に直面し、心をえぐられるような悲しい気持ちになることも、きっとあります。怒りを覚えることもあるでしょう。

ただ、その悪口や嘘はもしかしたら、自分が他者から疎外されたくない一心で、無意識に自分を守ったために出てきたものかもしれない。そう思えば、たとえ許せなくとも、えぐられた心が少しは癒えるような気がしませんか。

☑関係を断ち切ることは、いつでもできる。今じゃなくていい

二対六対二の法則

苦手な相手を前にしたとき

「この人には関わりたくない！」とイヤな気分になったら――

「自然体で付き合っていけばいいよね」

一〇人いれば二人は「苦手な人」

誰とでもうまくやれたらそれが一番いいけれど、現実はそううまくいきません。

接すれば接するほど、

「どうしても、あの人とは合わない」

「できるだけ関わりたくない」

としか思えない相手もいます。そういう人と無理に付き合っていこうとすれば、自分の心が疲弊してしまいかねません。それに、なんとか関係性を築こうと試みてもできずにいると、自分で自分を責めてしまいそうになります。

そんなときは、

「自然体で付き合っていけばいいよね」

という「脳内ひとりごと」をつぶやいてみるといいのです。

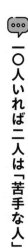

Rさんが私のコミュニケーション講座に参加してくださったとき、彼女はご近所付き合いでとても悩んでいました。三年前に念願だったマイホームを購入し、周りの大半のご家庭とは、ほどよい距離感を保ちながら暮らしておられました。ただ唯一、お隣のAさんだけは、どうも肌が合わないと感じていたのです。

「昨日、お子さんの帰りが遅かったわね。何かあったんじゃないの」

「最近、旦那さん元気ないじゃない。心配だわ。ちゃんと話をしたほうがいいわよ」

と、Rさんを不安にさせるような言葉ばかりかけてくるので、Aさんと顔を合わせるのは億劫《おっくう》でした。しかし、お隣さんとは一生、関わっていくことになります。逃げ場がありません。

悩むRさんに、私はこう伝えました。

「一〇人いたら、そのうち二人は気の合う人。六人は普通の人。二人はどうしても無理な人なの。きっとAさんは、Rさんにとっての『無理な人』なのね」

これを「**二対六対二の法則**」といいます。Rさんはこのとき、「絶対に人と仲よくしなくてはいけない」と自分自身を追い込んでいたことに気づいたのです。

どんなに頑張っても、親しくなれない相手はいます。それでいいのです。

誰が悪いわけでもありません。

「無理」なことをねじまげて、「無理じゃない」に変える必要はないのです。

「無理な相手」に対して無理することなく、「自然体で付き合っていけばいいよね」と、自分で自分を許してあげましょう。

もちろん、相手とのコミュニケーションを努力しなくてもいい、ということではありません。ただ、あれこれ見方を変えてみたり、さまざまなコミュニケーションの方法を試してみたりしたけれど、それでも「この人とは相容れない」という気持ちがなくならないのであれば、仕方がないということ。

苦手な人、合わない人がいるのは当たり前のことだと知っておいてください。

☑どれだけ頑張っても仲よくなれない人はいます。

インナーチャイルド

わがままにムッとしたとき

「勝手なことばかり言って……」
とモヤモヤしたら――

「私だって
そうしたいのかも……」

気づいていない「自分の本音」に気づく方法

たとえば、さまざまな種類のケーキを前にして、「私は絶対にコレ！」と、真っ先に好きなケーキをかっさらっていく人。面倒な仕事を振られたときに、「やりたくありません」と、きっぱり断ってしまう人。

自分の本音に素直な彼らに、あなたの心はモヤっとしていませんか。なんて勝手なの。周りの人の気持ちも考えないで……と。

相手の言葉や態度がわがままに思えて心がざわつくときは、

「私だってそうしたいのかも……」

と頭の中でつぶやいてみましょう。あなたが気づいていなかった自分の本音に気づくチャンスかもしれません。

自分のことは、自分が一番わかっていないといわれます。人間は無意識が九割の生きもの。自分の気持ちに意外と鈍感なのです。

でも、あなたが相手の言葉や行動でイヤな気分になったとき、そこにあなたの本音が隠れている可能性があります。


Mさんは、新入社員のKさんの教育係になりました。Kさんは頭もよく、ハキハキしていて仕事ができる印象だったのですが、入社して三か月も経つと様子が変わってきたように思えたのです。仕事を依頼しても、

「私にはできません」

と、悪びれた様子もなく断ってきます。よく検討もせずわがままを言う態度に、Mさんはモヤモヤして、同僚のAさんに相談を持ちかけました。すると、

「まあ、新人なんだし、大目に見てあげなよ」

と言われてしまいました。

「仕事なのに、わがままはダメでしょう？」

「Mさんだって、誰かに頼ったりわがままを言いたくなることあるでしょ？」

そう言われてハッとしたのです。

Mさんは三人姉妹の長女。いつも下の子の面倒を見ていました。何かにつけて「お姉ちゃんなんだから、わがまま言わないで」と親に叱られたからか、人に頼らず我慢することが当たり前になっていました。

しかしこのとき、Mさんは自分の中にも、わがままな気持ちや誰かに頼りたい気持ちがあることに初めて気づいたのです。このように、無意識にある本来の自分のことを「**インナーチャイルド**」といいます。

自分の本音は無意識下にあるので、気づくのはとてもむずかしい。でも、相手の行動を見てネガティブな気持ちになったとき、「私だってそうしたいのかも……」と視点を切り替えることで、あなたの中の「本音センサー」にスイッチが入ります。もしかしたら、自分の中に隠れていたわがままに気づき、相手のわがままにも寛大になれるかもしれませんよ。

☑ あなたにも〝わがままな子どもの部分〟がある。

問題焦点型コーピング

終わらない話に困ったとき

「この話、いつまで続くんだろう」
とうんざりするより――

「いったん、場面を変えて自分を守ろう」

相手を傷つけず、自分を守るには？

愚痴や怒りが湧いてきたとき、誰かに話を聞いてもらいたくなりませんか。

思いの丈《たけ》をすべて吐き出すだけ吐き出したら、かなりスッキリしますよね。

でも、相手はどうでしょう？　永遠に続くかにも思われるあなたの話を聞かされたその人は、一体どんな気持ちになっているでしょうか。

逆の立場になって考えてみればすぐわかります。

相手のことを不憫《ふびん》には思っても、あいづちを打つ間もないくらいとめどなく話が続くようであれば、きっとうんざりしてしまいますよね。

もし、相手に不快な思いをさせることなく、終わりのない会話に終止符が打てたら、あなた自身も疲弊せずに済むはず。だからそんなときは、

「いったん、場面を変えて自分を守ろう」

と、自分に提案してあげてください。

話に夢中になって、ひたすら自分の話を続ける人を止められない……。きっと誰にでも経験のあることだと思います。とくに、とても親しい間柄で、気心が知れているほど、一方的な話が止まらなくなってしまいがち。相手との関係を壊したくないからこそ、我慢して聞かなければと自分を追い込んでしまう人も多いようです。

Oさんもそんな一人でした。親友のBさんは優しい性格で趣味も合うことから仲よくなりました。普段はSNSでのやりとりがほとんどですが、たまに会うとBさんの一方的な話が永遠に終わらないのです。でも、「あなたにしか相談できないから聞いてほしい」と言われると、会うのを無下に断ることもできません。

困っていたOさんでしたが、あるときいつものように途切れない話を聞いていた途中で「ちょっとごめんね」とお手洗いに立ちました。Bさんがやきもきしているのではと慌てて戻ったところ、意外にも彼女は落ち着いている様子です。

今なら、とOさんは自分の最近の話を振ってみたところ、楽しい会話をすることができたのです。

このように、ストレスそのものを解決するのではなく、場面を変えて対処することを「**問題焦点型コーピング**」といいます。

心を許している相手だからこそ、一方的に話を続けてしまいます。そこには悪気はなく、ただ感情が先行して、相手への配慮がうまくできなくなってしまうのです。話に夢中な人はそうした状況を冷静になって把握できません。

聞いているほうも、困ったなと思いながらも、自分だから話してくれているのだとわかるので、相手を傷つけたくないと我慢してしまうのです。

そんなときは「いったん、場面を変えて自分を守ろう」と切り替えましょう。有効なのは生理現象を利用すること。お手洗いに行ったり、のどが乾いたからと飲み物を注文したりして、うまく場面が動くと、人の気持ちも違う方向に動きやすいのです。

☑「ちょっとごめんね」と席を外すのも◎

言葉のリフレーム

短所を指摘されたとき

「どうして自分はダメなんだろう……」
と落ち込むより――

「逆に言えば、どんな言葉になるかな？」

短所と長所はコインの表裏

ちょっと優柔不断なあなた。

「グズグズしないで」

「自分の考えがないの？」

「さっさと決めてほしいんだけど」

……そんなふうに威圧的に決断を迫られて、イヤな気持ちになったことはありませんか？

「なんで自分はこうなんだろう？」

といつもサッと答えを出せない、行動に移せない自分に自己嫌悪……。

そんなときに効くのが、

「逆に言えば、どんな言葉になるかな？」

という「脳内ひとりごと」なのです。

たとえば、Gさんの場合、子供の頃から、何をするにも「遅い」と親や学校の先生、友達から言われていました。

それをなんとか克服したいと思い、訓練もしましたが、大人になってからもなかなか直りませんでした。

プライベートでは多少「グズ」でも許されますが、仕事ではやはりマイナスの面があり、上司から「もっとスピーディーに」と注意されることもしばしばで、「私はやっぱり、優柔不断でダメだな……」と、落ち込むばかり。

そんなときこそ、「逆に言えば、どんな言葉になるかな?」とつぶやき、そして実際に考えてみるのです。

優柔不断を逆にいうと、「慎重」ということができるのではないでしょうか。「丁寧」というふうにもいえるでしょう。実際、Gさんの仕事は、いつも慎重かつ丁寧で、ミスがきわめて少なく、そこは周りから認められていて、信頼もされているのです。

このように枠組み（とらえ方）を変えることを「**リフレーム**」といいます。

「飽きっぽい」→「好奇心旺盛」
「せっかち」→「判断・行動が早い」
「頑固」→「粘り強い」
「のんびり」→「おおらか」

こんなふうに、言葉のとらえ方を変えると、セルフイメージが「一瞬で」変わることさえあります。自分の短所に落ち込んでいるなら、それはコインの表しか見ていないということを理解して、「リフレーム」を行なってみましょう。

☑ **セルフイメージは「一瞬で」変わることもある。**

第2章

怒りが湧いてきたとき……

カッ！　とならない「脳内ひとりごと」

「どうしてうまくいかないの!?」

と心をざわつかせるより

気晴らし型コーピング

無性にイライラするとき

「どうしてうまくいかないの!?」
と心をざわつかせるより——

「自分をもてなそう」

些細なイライラには「リフレッシュ」が最善

何か特別なことをしたわけでもないのに、日々をただ生活しているだけなのに、些細なことでイライラしたり、わけもなく感情が抑えられなくなってしまったりすることがあります。そんな自分が自分でイヤになってしまうことも……。

それはきっと、あなたが疲れているからです。

だから、無性にイライラするときや、感情をコントロールできないときは、

「自分をもてなそう」

と、自分自身に提案してみましょう。「どうしてこうなったの？」と怒りや不満の原因を探ったり、そんな自分を責めたりするより、今すべきは、あなた自身をもてなしてあげることです。

Mさんは、仕事でもプライベートでも日々忙しくしています。友人の誘いも断り、美容室に行く時間もなく、新しい服を買ったのはいつのことだったか……。ここ数日は、一日三時間の睡眠時間を確保するのがやっとです。

きわめつけは、職場でのランチミーティングでした。予約していたのに、店側の都合で二〇分も待たされたのです。同僚たちは仕方がないという雰囲気でしたが、Mさんは店長を呼びつけ怒鳴りつけました。次に怒りの矛先《ほこさき》は、その店を予約した後輩にも向かいました。さらに店内に入っても、汚れているフォークが目につき、飲みもののサービスは遅い……と、イライラがおさまりません。

そんなとき、最後のデザートとして出されたのが、久しぶりにいただく大好きないちごタルト。そういえば最近、甘いものをゆっくり食べる時間もなかったのです。ごきげんで味わっていると、ピアノの音色が流れてきました。この店はランチタイムに生演奏が聞けるのです。

こんなおもてなしに浸っているうちに、Mさんは自分が癒やされ、イライラしていた気持ちがすっかりほぐれていることに気がつきました。

このように、おいしいものを食べたり、音楽を聞いたりと、自分がリラックスできることを行なって気分を変える方法を、「**気晴らし型コーピング**」といいます。

イライラに対処するには、その原因を直接探って解決するという方法もありますが、とても沸点が低く、頻発するイライラや怒りの場合、単純にただただ疲れているだけというケースも少なくありません。その疲労に対処するという方法で、怒りをコントロールすることもできます。

心身ともに疲れているとき、人は人に優しくできないものです。そんな自分に嫌気がさして、ますます気分が悪くなっていきます。疲れから感情のコントロールができていないと気づいたら、「自分をもてなそう」と、自分を取り巻く状況を切り替える方向に動いてみましょう。心にも体にもご褒美は必要です。

☑ **気力も体力も、穏やかな心に不可欠なものです。**

目的論

なぜ怒っているのかわからないとき

「なぜ、そんな態度をとるの？」
と困惑しているより――

「その行動は一体、何のため？」

そこにある「ポジティブな理由」を探す

こちらはただ普通に接していただけなのに、思いがけず相手から突然の怒りを向けられた経験はありませんか。

急に不機嫌になり、理由も言わずに席を立って立ち去る人の背中を見ながら、「わけがわからない……」と途方に暮れてしまうのです。

何が原因なのか理解できないので、謝りようもありません。いっそ責めてくれたらいいのにと、こちらの気持ちもモヤモヤしますよね。

結局、相手が理由を語ってくれないなら、「なぜ怒ったのか」を理解するのはむずかしい。だから、怒りの原因探しは諦めて、

「その行動は一体、何のため？」

と、「行動の目的」を知る方向に舵を切り替えたほうがいいかもしれません。

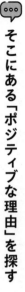

Cさんは、いつも夫が突然怒り出す理由がわからず悩んでいました。話し合いをしたくても、夫はだんまり。ただ怒っているアピールを無言で繰り返すのです。もう八方ふさがりで、むしろCさん自身がイライラしてきてしまいました。

しかし、夫が話さないのですから原因を探りようがありません。そこでCさんは「その行動は一体、何のため？」と行動の目的について探ることにしました。

考えてみると夫が怒るのは、たいていCさんが仕事で遅くなったとき。疲れて帰ってきたら夫がひどく不機嫌なので、こちらまで気分が悪くなる……。そんな悪循環が続いていました。そういえば最近は、遅くなるからと夫に外食してくるように連絡してばかりで、手料理を振る舞う余裕もなかったな、と思い当たりました。そこで、遅くなりそうなある日、手作りのおにぎりと具だくさんの味噌汁など、夜食を簡単に用意しておいたのです。また、夫が帰った頃に電話をして、数分ですが軽く会話をしてみました。

するとどうでしょう。帰宅後、夫はいたって普通です。食事は完食され、食器も片づけてあり、夫が作ったであろう簡単な副菜まで用意してありました。

Cさんが食事を始めると、夫も一緒にテーブルについて、会話を楽しむこともできたのです。

私たちの行動には、ポジティブな目的がちゃんとあります。この「**目的論**」に基づいて、人はポジティブな目的のために、その行動をとるのです。

夫の行動は一見、大人気なく見えたかもしれません。ただ、そこには「二人の時間を大切にしたい」というポジティブな目的があったのです。

問題や悩み、迷いがあるとき、人は「なぜ？　どうして？」と、つい原因探しをしがちです。そのネガティブな思考で原因が見つかったとしても、「では、どう解決すればいいのか」という課題が残ります。

そうではなく、行動の裏にあるポジティブな目的がわかれば、それを実現する方法を考えればいいのですから、解決の糸口をつかみやすいのです。

☑闇雲に謝ったところで、解決にはならないことも。

一次感情

思わずカッとしちゃったとき

「ほんと頭にくる！」

と頭に血がのぼってしまったら――

「怒る前は、どんなことを思ってたっけ？」

怒りの導線に火がついた「きっかけ」は？

不機嫌な人から八つ当たりのような態度をとられたり、指示されたとおりにやったのに指示した本人に難クセをつけられたり。

そうした理不尽にムッとした経験がある人もいるでしょう。

人間は感情の生きものです。納得できない相手の言動や態度に、心穏やかではいられません。カッとして怒りが抑えきれなかったとしても仕方がありません。

でも、いつまでも怒りを引きずるのも考えもの。もとの心穏やかな日々を取り戻すためにも、

「怒る前は、どんなことを思ってたっけ？」

という「脳内ひとりごと」をつぶやいてみてください。あなたの「怒り」のきっかけとなった感情を知ることで、あなたの本音が見えてきます。

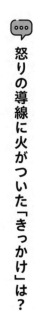

独身で実家暮らしのBさん。

三か月前、脳梗塞で倒れた父の体に麻痺が残ったことから、介護生活を余儀なくされました。母も持病で入退院を繰り返し、弟の住まいは遠方のため頼れません。

一方、うまく動けない父はストレスを溜め込み、心無い言葉をBさんにぶつけるようになりました。一日に何度もBさんを呼びつけては、片づけが下手だとか、自分の年金で食べているクセになどと、理不尽を言う始末……。

聞き流すようにしていたBさんでしたが、とうとうある日、堪忍袋の緒が切れました。「もう面倒なんか見ない！」と、父を怒鳴りつけ家を飛び出したのです。

しかし、落ち着いてくると、やはり父のことが気になります。

そこで、「怒る前は、どんなことを思ってたっけ？」と考えてみました。

Bさんは、父からの理不尽を「悲しい」と思っていました。また、初めての介護が自分一人にのしかかってきたことへの「不安」や「不満」もありました。

こうした感情が積もって、怒りとして爆発してしまったのだと気づいたのです。

Bさんのように、「怒り」は二次感情であり、その前に怒りのきっかけとなる最初の感情——たとえば、悲しみ、不安、不満、苦しさ、後悔、落胆、困惑、恐怖などの感情がある場合があります。これを「**一次感情**」といいます。

一次感情を知っておくと、自分が本当は何を思っていたのか、どこから解決していけば怒りから解放されるのかがわかっていきます。Bさんも、自分の「悲しみ」や「不安」「不満」に気づくことで、介護を一人で抱え込みすぎていたことに気づきました。

また、理不尽をぶつけてくる父にも、「虚しさ」「不安」「落胆」などの一次感情があったのだと理解できたそうです。

怒りをそのまま放置せず、そこに隠された自分の真意に気づくことができたら、本当の意味であなたのためになる解決策を見つけ出すことができます。

☑ 怒ったからこそ、自分の本音がわかることもある。

代表システム

伝えたいのに伝わらないとき

「なんでわかってくれないの？」
と不満に思うより——

「アプローチが違うだけかも？」

「理解してくれない人」への解決法

わかりやすいようにと順序立てて話をしても、たくさんの情報を理解しやすいように工夫しながら文書を作成しても、「ちょっと理解しにくい」「もう少し整理して持ってきて」と言われてしまうこと、ありませんか。

これほど手を尽くしたのに、さらに何をどうすればいいのかと、イライラしてしまうかもしれませんね。いっそ伝えるのを諦めてしまいたくなりますが、相手が上司であったり、大事な取引先であったりすれば、そうもいきません。

理解してもらえない相手に不満がつのったときは、

「アプローチが違うだけかも？」

という「脳内ひとりごと」が解決の糸口になります。伝えたいことを伝えるには、あなたの得意な方法ではなく、相手が理解しやすい方法を選ぶのです。

ある日、Nさんは朝からソワソワしていました。前回の会議で課長から「主観的で根拠がない」とダメ出しされた企画を、膨大な資料を読み込み、十分な根拠を並べて作成し直し、今日の会議で再提案する予定だったからです。

結果はあっさりＯＫ。ところが、今度は部長から「進める前に、企画書がわかりにくいから作り直して」と物言いがついたのです。

内容に自信があったし、課長からは高評価だったこともあって、「どうして部長はわかってくれないの？」とNさんはイライラ。思わず同僚に愚痴をこぼしました。すると、ちらりと企画書に目を通した同僚が言いました。

「たしかに内容は詰まっているけど、文字が多すぎて読む気がしないかも……。すっと頭に入らないよね」

言われてみればたしかに、根拠も理論も十分ですが、図もイラストもなく視覚的にわかりにくい。そういえば部長も「内容が悪い」とは言わなかった、と気づきました。

人間には五感がありますが、まんべんなくそれらを駆使しているわけではありません。人によって利き腕に違いがあるように、使いやすい優位感覚は異なります。

これを視覚・聴覚・身体感覚の三つのモードに分類したものをNLP（神経言語プログラミング）の「**代表システム（VAKモデル）**」といいます。

視覚（V） 視覚情報が得意――頭の回転が早い・映像でイメージする
聴覚（A） 聴覚情報が得意――理論的・言葉の使い方などが気になる
身体感覚（K） 感覚情報が得意――直感が大切・言語化が苦手

つまり部長は視覚的、課長は聴覚的、Nさんは感覚的なタイプ。それぞれの優位感覚が違ったため、アプローチの仕方も使い分ける必要があったのです。

「伝わらない」とイライラせずに、まず「アプローチが違うだけかも？」と手段を工夫してみると、突破口が見つかるかもしれません。

☑ **人それぞれに〝正解〟がある。**

ラベリング

どうしようもない人にガッカリしたとき

「やっぱりあの人はダメだ」と決めつける前に――

「もしかして私、ラベルを貼ってた？」

相手を〝わかったつもり〟になっていない？

不真面目で信頼できない部下。すぐタバコを吸いに出てサボる同僚。重箱の隅をつつくようにミスを指摘してくる上司……。こういう人たちが周りにいると、仕事が進まず、怒りを覚えることはありませんか。

でも、本当に彼らはどうしようもない人たちなのでしょうか。そもそも、あなたの思う「○○さんはこんな人」というイメージは、本当に正しいのでしょうか。

もし、相手の言動が期待はずれで納得がいかないときは、

「もしかして私、ラベルを貼ってた？」

と、「脳内ひとりごと」で自問自答してみてください。なぜなら、ときに相手を「こんな人」と勝手に決めつけているだけに過ぎないことがあるのです。

Lさんは長年、夫に不満を抱いてきました。遅くまで仕事をしているのに給料

は低く、家計はいつも火の車です。家事もたまに手伝う程度。相談を持ちかけても「仕方ないいんじゃないかな」と言うだけの「頼りない人」だったからです。

一人娘が理系の大学に進学することになったとき、家計に余裕がなく、入学費用を工面できずにいました。悩み、疲弊していたLさんは、頼りない人に言ってもしょうがないと思いつつ、「どうしようか」と夫に愚痴をこぼしたのです。

すると夫は「足しにしてくれ」と一冊の通帳を取り出しました。聞くと、この先きっと必要になると思い、仕事が終わってから居酒屋のアルバイトをしてコツコツ貯めてきたといいます。夜が遅いのも、疲れて家事ができないのもそのためでした。

どうして話してくれなかったのかと思いましたが、パートをしながら家計も家族も支えてくれるLさんに、これ以上負担をかけたくなくて、夫は事情を黙っていたそうです。夫を「頼りない人」と決めつけていたから気づけなかったのかもしれない、とLさんは思いました。本当はとても愛情深い、頼りになる人だったのです。

このように、ある人物やものごとに対して、たしかな根拠もないまま判断し、「この人は○○だ」「あの会社は○○だ」などと、評価を固定してしまう行為を「**ラベリング**」といいます。

特に、相手に対してネガティブなラベリング——たとえば、頼りない、怒りっぽい、優柔不断、小心者、悲観的、仕事ができないといった偏った決めつけをしてしまうと、一方的かつ断定的に、相手を評価している可能性があります。

要するに、相手を勝手に判断し決めつけることで、その人となりを大いに勘違いして、間違った判断をしてしまいかねないのです。

相手に対して悪い印象を持っているときほど、あえて「もしかして私、ラベルを貼ってた?」と自問自答してみてください。ひどい勘違いを起こす前に、その人を正しく見極めるチャンスをつかめるかもしれません。

☑ついでに、〝楽観的な決めつけ〟にも気をつけて。

アンガーマネジメント

腹が立ってどうしようもないとき

「ムカッ」ときて
不満をぶちまけたくなったら――

「今、自分は怒ってる！……で、どのくらい怒ってる？」

怒りのピークを鎮めるいい方法

「怒り」といっても、いくつかの段階があるように思いませんか。

ちょっと気分がモヤモヤするとき。ムカッときて皮肉の一つでも言ってやりたくなるとき。カッと頭に血がのぼって、怒鳴ってしまうとき。はらわたが煮えくり返るくらいの怒りが湧いてきて抑えられなくなるとき……。

でも、その怒りを爆発させて、相手に文句を言ったり、怒鳴ったりしたあと、「やりすぎた……」と後悔することもありますよね。言いようがないほどに腹が立ったとしても、それを鎮めて冷静さを取り戻す方法があったら、その後の自分の行動やものごとのとらえ方も大きく変化すると思いませんか。

怒りをうまくコントロールできないときには、

「今、自分は怒ってる！　……で、どのくらい怒ってる？」

という「脳内ひとりごと」がおすすめ。

まずは怒りをいったん受け止めてから、その怒りがどれくらいのレベルなのか点数化してみるのです。


ある日、Jさんがいつものようにスーパーのレジに並んでいたところ、年配の男性に割り込まれてしまいました。

「すみません。割り込まないでいただけますか？」と声をかけましたが、年配の男性は聞こえていないふり。それでももう一度、「割り込みをしないでもらえますか？」と言うと、なんと男性は「いちいち、うるさいな！」と逆切れしてきたのです。さすがにムカっときたJさんが、「あなたが割り込むからでしょう！」と強く言うと、男性はようやく列の最後に並び直しました。しかし、Jさんは腹立ちがおさまらず、納得がいきませんでした。

家に帰り、夫に怒りをぶちまけました。

「それは腹が立つね。怒りマックスの状態を一〇点としたら、今の怒りは何点？

と点数化するといいって聞いたよ。試しにやってみたら？」

夫のその一言に、Jさんはちょっと冷静になって考えてみました。

割り込まれたのは腹が立ちましたが、急いでいるわけでもなかった。男性の態度はよくないですが、最終的には最後尾にちゃんと並び直しました。「腹は立ったけれど、実害はそれほどなかったし、七点くらいかな」と思えたのです。

怒りは最初の六秒がピーク。感情のまま怒りをぶつけて後悔するよりも「今、自分は怒ってる！……で、どのくらい怒ってる？」と自問自答し、怒りを数値化して、ワンクッション置いてみてください。思考が切り替わり「なぜ、怒っているのか」に目を向けることができます。このように、怒りをコントロールすることを「**アンガーマネジメント**」といいます。

最初の六秒間だけ上手に怒りの手綱をとることができたら、人間関係をむやみに乱すことなく怒りと向き合って、いい解決策を探ることができるのです。

☑ **たった六秒間で、怒りを手放せることも。**

ポジションチェンジ

相手を許せないとき

相手の態度に「なんか納得いかない!」とモヤモヤするなら――

「もし私が応援役なら、どんな言葉をかける?」

「二人の応援役の視点」に立ってみる

人間関係で揉めるのは、何も相性の悪い相手や、嫌いな人ばかりではありませんよね。むしろ、仲がよかったり、気心が知れているからこそ、ちょっとした行き違いで、関係がこじれてしまうことも多いものです。

相手の行動や言い分に納得がいかないときは、

「もし私が応援役なら、どんな言葉をかける？」

という「脳内ひとりごと」を、お互いの妥協点を見つけ出すきっかけにしてみてはいかがでしょうか。

夫婦共働きで二人暮らしのRさん。数年前に共に会社を立ち上げて経営し、尊敬し合える、自他ともに認める仲のいい夫婦でした。

しかし、じつはRさん、自分ばかりが家事をやっていることに納得できていませんでした。特に仕事が立て込み、疲れが溜まってくると、Rさんは現状にモヤモヤしてしまいます。ある朝、Rさんが家事でバタバタしているとき、夫が優雅にコーヒーを飲んでいたので、「ゴミ捨てくらいやってくれてもいいのに。なんで私ばっかりなのよ」と思いをぶつけたのです。すると、「きみが家事を担当して、家計や保険の手続き、会社の資金繰りが俺の担当だと思ってた」という返答がきたのです。そう言われて、夫はいつも遅くまで働きながらも、Rさんとは別の事柄で細かなことをやっていたのだと気づきました。

相手との関係に前向きな解決策がほしいときは、自分の立ち位置とは別の視点に立ってみるのがおすすめ。心理学には、相手の立場に移動し視点や思考を変える「**ポジションチェンジ**」があります。これは本来、物理的に位置を変えて行なうもの。これを応用し、心の中だけで立ち位置を変えて行なってみましょう。

次の四つの視点に立って考えることができます。

①「自分は○○と考えている」という自分視点
②相手の感情や立場などを考えた相手視点
③自分・相手の思考や感情を俯瞰して観察する第三者視点
④自分と相手の両者を考慮し、応援する前提で妥協点を提案する視点

③の視点として、Rさん夫婦の場合は、お互いに分担して支え合っています。しかし、分担していることへの共有認識がなく、またお互いに今どのような感情でいるのかを確認するコミュニケーションが不足していました。

そして大切なのが④の視点。「もし私が応援役なら、どんな言葉をかける？」という視点に立つことで、相手への怒りを鎮めつつ、前向きな妥協点、もしくは解決策に近づくことができます。「家のことはお互いにフォローしよう」「一人で無理せず、早めにヘルプを伝えるのがいいかも」と、応援役の視点で解決策を探ってみると、今までにない視点から物事が見えてくるかもしれません。

☑前向きな妥協点、解決策を探そう。

ストローク

恋人のわがままに疲れたとき

「困らせるような真似しないで！」とケンカするより――

「ちゃんと見てるよ、のサインを送ろう」

眉をひそめたくなる恋人の行動を分析すると？

優しくて思いやりのある人だったのに、なぜか最近、困らせることばかり言ってくる……。そんな相手の急な態度の変化に、戸惑ったことはありませんか。

ときどきなら我慢できても、二度、三度と頻度が高くなってくれば、イライラもしてしまうというものです。

こういう場合、相手側の事情もいろいろと考えられるのですが、よくあるケースとして、ちょっとあなたの対応を工夫することで、状況が改善することがあります。何度も困らせてくる相手、とくに恋人にイライラがつのったときは、

「ちゃんと見てるよ、のサインを送ろう」

という「脳内ひとりごと」を試してみてください。もしかしたら、あなたを困らせる相手の目的が、理解できるかもしれません。

最近、恋人と一緒に暮らし始めたHさん。家に帰ればいつも彼がいる――。それを嬉しく思っていました。

しかし、そろそろ三か月になろうかという頃、彼の様子がどうもおかしいのです。「鍵をなくしたかも……」「仕事辞めようかな」「胃が痛いから病院に連れて行って」と心配させるようなことを頻繁に言ってきます。

でも鍵はちゃんと持っていたし、転職活動をする様子もないし、「時間がないから病院には一人で行って」と言うと、「じゃあいい」とケロっとしています。わざと困らせるような彼の態度には、Hさんもだんだんイライラしてきました。

ある日、決定的なことが起こりました。彼が連絡もないまま深夜もかなり過ぎてから、ベロベロに酔っ払って帰ってきたのです。堪忍袋の緒が切れたHさんが叱りつけると、彼は「俺は寂しいんだよ」とこぼしました。

同棲生活に充実感があったHさんとは異なり、彼は一緒に暮らし始めてからも、誰もいない家に帰り、一人で食事をとる生活を続けていたのです。

寂しい思いをさせていたことに、Hさんはこのとき初めて気がつきました。

それ以降、Hさんは彼との時間を大切にするようにしました。朝も夜もハグをする時間を作ります。笑顔で彼の話を聞いて、彼が大切な人であることを言葉でも態度でも伝えるようにしたのです。すると、彼も落ち着いてきたのか、Hさんを困らせるような行動をとらなくなりました。

「あなたのことをちゃんと見ています。あなたの存在を認めています」というメッセージのやりとりを「**ストローク**」といいます。

普通は微笑みや挨拶などプラスのストロークがほしいもの。けれど、あまりにもストロークを与えられずにいると、にらむ、けなす、見下すなどマイナスのストロークであってもほしくなってしまうのです。

わざとあなたを困らせるという行動は、相手からの「ストロークが足りていないよ！」というサインかもしれません。そういうときは「ちゃんと見てるよ」のサインを送って安心させてあげましょう。

☑〝愛情表現〟をサボっていませんか？

第3章

なんだか後悔したとき……

ポジティブな人になる「脳内ひとりごと」

「完璧にはできなかった……」
とガッカリするより

六割主義

自己評価が下がりそうなとき

「完璧にはできなかった……」
とガッカリするより――

「半分ちょっと
できたら上出来！」

人は完璧じゃなくて当たり前

私たちは、やはりミスを嫌います。できれば失敗などしたくないし、やるなら完璧にやりたいと思っています。そのために一生懸命頑張るけれど、うまくいかないときも当然あって、できない自分にガッカリしてしまうわけです。

完璧主義が悪いわけではないけれど、常に一〇〇%成功することはできません。ロボットでさえ誤差が出ます。完璧であるべきという基準を持ってしまうと、結果的にどんどん自分で自分の評価を下げてしまうことになります。

うまくやれない自分が嫌いになってしまいそうなときは、

「半分ちょっとできたら上出来!」

という「脳内ひとりごと」で、自分を応援してあげてください。合格ラインを一〇割から六割くらいへとシフトさせてみれば、これまでの自分の努力を十分に認めてあげられるはずです。

学生時代から優秀だったSさん。成績も常に上位で、生徒会や部活動の部長に抜擢されてきました。何事も完璧にこなしたいというのがSさんのモットーです。

卒業後はアパレル会社に就職し、早々に人気店の店長となりました。責任感の強いSさんは、より完璧であろうと日々努力をしてきたのです。

ところが、ここのところ売上が下がる一方。接客に改善点があると分析したSさんは、スタッフを懸命に指導しました。しかし、結果につながりません。焦りを感じていたSさんは、ある日、スタッフたちのぼやきを耳にしました。

「店長は完璧主義過ぎるよね。私だって頑張ってるのに……」

このときSさんは、自分の完璧主義な部分がスタッフの自信を失わせたことに気づいたのです。それからは、合格ラインを六割くらいに設定し直して、

「半分ちょっとできたら上出来！」

という目線で周りを見るように心がけました。スタッフにも「六割達成できた

ら十分だよ」と伝え、積極的に評価するようにしたのです。すると、スタッフの表情は生き生きとし始め、少しずつ売上にもいい影響が出てくるようになりました。またSさん自身も「六割で十分」と思えたことで、今日明日の売上だけに一喜一憂せず、長期的な視点で取り組んでいこうという気持ちになれました。

一〇割ではなく六割を合格ラインとする考え方を「**六割主義**」といいます。責任感を持つことは大切ですが、「完璧でなければダメ」と結果を極端にとらえてしまうと、自分も周りも追い込むことがあるのです。

その結果、自己肯定感がひどく下がったり、萎縮したりするくらいなら、「半分ちょっとできたら上出来!」と寛容に構えていたほうが、いい結果につながることも多いもの。

完璧ではなくとも、頑張った分はきちんと認めてあげたほうが、その後のやる気や行動力につながります。

☑ **残りの四割は後々克服していけば大丈夫。**

Yes, butのメカニズム

壁にぶち当たったとき

「もうこれ以上は無理！」
と立ち止まるより――

「どうやったら、
できるかな？」

「Yes, but」から「Yes, how?」へ思考をスイッチ

やってみたかったことを、勇気を出してやってみる。これはすばらしいことです。ただ、必ず思いどおりの結果がついてくるかというと、やはりたしかなことはいえません。壁にぶつかることもあるでしょう。うまくいかなくて「もうこれ以上は無理だ」「やらなければよかった」と後悔することもあるはず。

思いどおりにならない現状に苦しみ、立ち止まってしまったときは、

「どうやったら、できるかな?」

という「脳内ひとりごと」で、止まってしまった思考と行動をもう一度稼働させましょう。できない言い訳を探す前に、できることを探すのです。

裁縫が得意なTさんは、子どもがようやく手を離れたころ、長年の夢だったハ

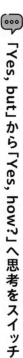

ンドメイドの仕事を始めました。オンラインで注文を受け、販売するスタイルをとったところ、思った以上に注文が入ったのです。しかし、順調だと喜んだのも束の間。あまりに忙しすぎて、家事の時間さえままならず、家の中が次第に荒れていきました。最初は協力的だった夫の機嫌も急降下……。

夢が叶ったはずなのに、ちっとも幸せではありません。家事も仕事も頑張りたいけど、これ以上はできない。納期に間に合う気がしない。メールを返信する時間もない。子どもに手料理すら振る舞えない。洗濯物をたたむ暇もない……。

このときTさんの頭の中は、「できないこと探し」でいっぱいでした。

一見、何か仕方のない弊害があるように思えるときも、単に「できないこと」に対して言い訳をしているだけの場合があります。これを「**Yes, but のメカニズム**」といいます。「できる。でも……」を繰り返してばかりで、前に進んでいないのです。もし「Yes, but」の思考が出てきたら、その気持ちは受け入れつつも、「**Yes, how?**」（できる。どのようにしたら？）と意識的に言い換えるようにしてみてください。つまり、「どうやったら、できるかな？」と考えてみるのです。

Tさんにもこの方法を伝えたところ、「できない」で停止していた思考が動き始めました。まず、余裕のある納期に変え、まとめて配送できるように日時指定で自宅まで集荷に来てもらうよう手配しました。メールは自動返信を設定。洗濯物は干すまでがTさん担当とし、たたむのは各自やってもらうことにしたのです。


何かを始めて、つまずいて、辛いときや苦しいときほど、人はできない言い訳を探しがちです。でも、本音では辛い現状をうまく回避し乗り越えたいと願っています。ただ、完璧に解決する魔法のような方法はそうそうありません。

大事なのは、できない自分を否定せず、受け入れつつも、できそうな「小さな工夫」を探す努力をし続けること。できないと自分で決めつけない限り、できることはたくさんあると気づけるはずです。

☑「小さな工夫」の積み重ねで「できる」に変える。

メタモデル・省略

自己肯定感を下げてしまいそうなとき

「やっぱり私ってダメだな……」
と、くよくよするくらいなら――

「具体的に何がダメなの？」

私はダメなんかじゃないと気づく方法

ミスをしたとき、失敗したとき、

「やっぱり私ってダメだな……」

と落ち込んでいませんか。もし、こんなひとりごとに心当たりがある人は、今すぐにそんな悲しい一言を封印してください。自信をどんどん失ってしまいます。

ミスや失敗は、たしかにダメなことです。ないに越したことはありません。しかし、だからといって、ミスや失敗をしたあなたがダメなわけではないのです。

そこに気づくことが大切です。

あなたがあなた自身の価値を下げてしまいそうになったときは、

「具体的に何がダメなの？」

という「脳内ひとりごと」の出番。具体的な検証もせず、無意識に「自分はダ

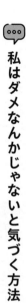

メだ」と思い込んでしまう思考パターンを、この言葉で切り替えていきましょう。

Uさんは、とても心配性の母に育てられました。強く当たられたり放任されたりすることはなく、むしろ手厚くサポートしてくれました。そんな母の口グセは、

「あなたはダメな子ね」

責めるというより、仕方がない子ねというニュアンスでしたが、大人になったUさんの心には、「ダメな私」という罪悪感にも似た気持ちが根深く残りました。

たとえば、仕事でちょっとした入力ミスを指摘されただけでも、Uさんは「やっぱり私はダメだな」とひどく落ち込みます。家でも、家事がうまくできない自分にイラ立ち、暗い気分になります。

ある日、Uさんはうっかり鍋を焦がしてしまいました。いつものように「ダメな私」モードにスイッチが入ったとき、

「ちょっと焦がして失敗した。それだけのことでしょ?」

と、夫に笑って言われたのです。

私たちは日常的に、無意識で、多くの言葉を省略しています。「誰が、いつ、何を、どこで、誰に」といった情報や、評価・判断基準などの具体的事実を、省略してしまうのです。これを**メタモデルの「省略」**といいます。

すると、事実でないことを、事実として認識してしまうことがあります。特に、「自分はダメだ」などのネガティブな認識は、意識的にそれが本当かどうか検証しないと、勘違いだと気づくのはなかなかむずかしいのです。結果、Uさんのように「ダメな私」モードが続いてしまい、自己肯定感を下げていってしまいます。

繰り返しになりますが、ミスや失敗はそのこと自体がダメなのであって、あなたがダメなわけではありません。「具体的に何がダメなの?」と「ダメの根拠」を明確にすれば、それはすぐにわかります。「具体的に」と考えることで、自分を含めものごとを客観的に見るクセを養っていきましょう。

ミスはミス――それ以上でもそれ以下でもない。

メタ認知

努力が報われないとき

「頑張っているのにうまくいかない」と虚しくなったら——

「自分を遠くから見てみよう」

視野が狭くなっていませんか？

日々の生活を前向きに、一生懸命頑張っていても、うまくいかないことがあります。人一倍努力しているつもりなのに、仕事が円滑に回らなかったり、人間関係に問題が出てきたりすると、これまでの努力が無に帰ったような虚しさを感じてしまいますよね。

努力しているのに、報われない。

そんなふうに自分の人生に悲観して、心が折れてしまいそうになったときは、一度自分自身から離れてみてはどうでしょう。

「自分を遠くから見てみよう」

人生の主役である自分から距離を置き、自分を客観視できるプロデューサーのような視点を持つことで、あなたの視野がより広がるからです。

Tさんは念願の看護師長になり、とても張り切っていました。誰よりも働く姿を見せることで信頼を得つつ、若い人に看護師としてのあり方を学んでもらおうと、懸命に頑張っていました。

ところが、就任わずか半年で離職者を五人も出してしまったのです。きつく当たったこともないし、サボったこともない。「頑張っているのにうまくいかない」とTさんは途方にくれてしまいました。

そんなある日、いつものように残業していると、

「師長、帰ってください。残業されると、みんな帰れません」

とスタッフに言われたのです。思いもよらない言葉でした。そして、これをきっかけに、自分の行動が周りにどのような影響を与えているのか、自分を客観的に見るようになったのです。

たとえば、Tさんが現場で動きすぎることにより、司令塔が不在になっていました。また自分が休憩時間を削って仕事をすれば、周りのスタッフも休めません。師長というより、一スタッフのように行動していたことで、弊害が出ていたので

す。Tさんはその後、看護師長という立場を意識しながら行動をすることで、職場環境や人間関係を改善していくことに成功しました。

このように、自分の行動を客観的に把握し、コントロールすることを「**メタ認知**」といいます。

頑張る人ほど、目の前のことに一生懸命になりすぎて、視野が狭くなってしまうことがあります。もちろん、頑張ることが悪いのではありません。頑張る方向や、頑張り方を間違えなければ大丈夫。ただ、間違えないためには、自分で自分をプロデュースする客観的な視点を持つことが必要です。全体の中にいる自分を意識することで、あなたの努力を無駄にせずに済むやり方が見えてきます。

ものごとがうまくいかないときは、誰が悪いわけでも、何かが大きく間違っているわけでもなく、ほんの少しの歯車の狂いが原因であることも少なくありません。少しの修正が、大きな成功につながることもめずらしくないのです。

☑ちょっと離れたところから自分を見てみよう。

目的論

こんなはずじゃなかったと悔やんだとき

「どうしてこんな結果になった？」
と後悔するより――

「何のために
これをしたの？」

思い描いたとおりの幸せな未来を手にするために

三日坊主という言葉がありますが、やろうという固い意志で始めたことでも、継続するのは難しいものです。それでも懸命にサボらず続けてきたはずなのに、

「どうしてこんなことになったんだろう」

「こんなはずじゃなかったのに……」

と、思いどおりの結果にならないこともありますよね。よりよい未来に向かって、決断し、行動してきたはずなのに、たどり着いたゴールが想定していたものと違っていたら悲しすぎます。

もし、「こんなはずじゃなかった」と結果に戸惑ったときは、

「何のためにこれをしたの？」

という「脳内ひとりごと」をつぶやいてみましょう。あなたの未来が迷子にな

らないために、ゴールを再確認するのです。

産後太りに悩んでいたGさん。

「やせて自信を取り戻し、大好きだったおしゃれを心の底から楽しみたい！」と一念発起してダイエットを始めました。停滞した時期もあったけれど決して諦めず、運動も食事改善も懸命に続け、順調に体重を落としたGさんは、みごとに目標体重をクリア！　念願のおしゃれを楽しめるようになったのです。

ダイエットに成功したGさんは、周りの人たちから質問攻めです。どうやってやせたのか羨望の眼差しで友人・知人に尋ねられてはアドバイスしているうちに、「まだまだやせなければ」と、ダイエットをやめられなくなってしまいました。

そのうち、「やせてきれいになったね」という言葉より、「具合が悪そうだけど大丈夫？」という言葉をかけられるように……。食欲もなく、力も入りません。お気に入りの服を来てもブカブカで不格好。鏡に映る自分の顔はシワばかり目立ちます。Gさんは「こんなはずじゃなかったのに」と後悔するようになりました。

そして、

「私は何のためにダイエットしたの？」

と、はじまりに立ち返ったのです。Gさんは、自信を取り戻し、おしゃれを楽しむことが目的だったと思い出しました。以降、過度なダイエットはやめ、バランスのよい食事とストレッチを取り入れて、適正体重を保つ努力を始めました。

60ページの項でも解説したように、私たちは目的があって、今の行動をしています。これを「**目的論**」といいます。逆に考えると、あなたの目的を明確化すると、迷走することなくハッピーな未来までたどり着きやすくなるのです。

どこにたどり着きたくて、今この行動をしているのか。進む先に目印の旗がしっかりと立っているようなイメージです。

思い描いたハッピーな未来とは違う……と思ったときは、「何のためにこれをしたの？」と目的を再確認すれば、先々で後悔することがなくなります。

☑ゴールがわかっていれば、軌道修正は難しくない。

プロセス重視

もう頑張れないとき

「途中で諦めるなんて情けない」
と自分を追い込むより——

「今までどれだけのことを
やり遂げてきた？」

結果を出せなかった自分を嫌いにならないために

頑張ってチャレンジしても、結果につながらないことは誰にだってあります。一度決めたことをやり通すのはすばらしいことだけれど、「必ずやり通さなければならない」と自分を追い込むことで、人生が苦しく辛いものになってしまったら、本末転倒です。

「途中でやめるなんて、自分が情けない」

と自分を責めることはないのです。もしやり抜くことができなかったとしても、

「今までどれだけのことをやり遂げてきた？」

と、自分に聞いてみてください。やり抜けなかったとしても、チャレンジしたことには必ず意味があります。今に至るプロセスの中に大切なことが必ず見つかります。

Wさんは子どもの頃、美容師になる夢を持っていました。しかし経済的な理由から、進学ではなく就職を選択。その後結婚し、家事に子育てに忙しい毎日を送りながらも、美容師の夢を忘れることができなかったのです。

そこで、子どもが手を離れたころ、美容師の学校に通いたいと夫に相談しました。夫は「チャレンジしてみたらいいよ」と背中を押してくれたのです。

無事に入学し、基礎を学ぶまでは順調でしたが、実技に入ると思わぬ事態に。指先が割れ、血がにじむほど肌荒れし、ハサミを使えなくなったのです。手袋をするなど対策をしましたが、重度の皮膚トラブルになってしまいました。

もうやめてしまいたい。Wさんはそう思いました。でも、決めたことは最後までやり遂げなくてはと自分を追い込んだ結果、体調まで崩してしまったのです。

限界を感じたWさんは、夫に相談しました。すると、

「君の努力はそばで見てきたよ。よく頑張ったね」

と言ってくれたのです。Wさんの目には涙があふれました。結果だけ見れば、

夢破れたWさんですが、これまでのプロセスを振り返ってみて、後悔よりも達成感のほうが勝っていることに気づきました。それに、夫に支えられている幸福感に満たされたそうです。

私たちは何かにつけて、結果を重視しがちです。苦労してやり遂げて、その結果得られたことにこそ価値があると思います。たしかにそれは間違いではないけれど、そこに至るまでのプロセスの中にも、得たこと、身につけたこと、将来のために役立つことがたくさんあります。

勇気を持って一歩踏み出してはみたものの、途中で「思っていたのと違う」「もうやめたい」と思うことだって、決して間違いではないのです。それでも罪悪感や後悔に苛《さいな》まれそうなときは、「今までどれだけのことをやり遂げてきた？」と、「プロセス重視」の考え方に切り替えてみてください。

そのチャレンジは決して無駄ではなかったと気づくはずです。

☑すべてのチャレンジは、結果にかかわらず価値がある。

マインドフルネス

あれこれ考えすぎているとき

「あれも、これもやらなきゃ」と気が散ってしまうなら――

「あれもこれも気になるね！以上！」

目の前のことに集中できないときのリセット法

私たちは日々、起きてから寝るまで、やるべきことがたくさんあります。仕事のことも、家族のことも、遊びのことでも、「そういえば、あれをやっておかなくちゃ」「しまった、これも忘れてた！」と、次々に思い出されて焦ることはありませんか。思い出しの連鎖が続くと、目の前のことに集中できなくなってしまいます。あれもこれも気になって、とりとめのない思考が止まらないときは、

「あれもこれも気になるね！　以上！」

という「脳内ひとりごと」で思考を線引きするのがおすすめ。考えるのを放棄して、いったんすべてのことを、脇においておくのです。ごちゃごちゃした頭の中をリセットし、焦りやイラ立ちなどネガティブな思考を落ち着かせましょう。

コロナ禍でテレワークとなったKさんは、以前との働き方の違いに戸惑ってい

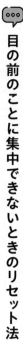

ました。職場であれば一言で成立していたことも、いちいちメールで確認が必要です。毎日尋常でない量のメールが届くのはもちろん、「後日、確認してくださ い」と投げられてしまうと、業務時間後も仕事が残っているような気持ちになって落ち着きません。

さらに、家族の存在です。仕事をしているのに、夫や娘から「ご飯は?」「お母さん、これさあ……」などと次々に声をかけられ対応していると、仕事も家のことも中途半端で、あれもこれも気になり、疲弊してしまうのです。

ある日、疲れを感じ、コーヒーを飲みながらパソコンに向かっていると、

「お母さん、コーヒーくらいゆっくり味わったらいいのに」

と娘に言われたのです。たしかに、気分転換のために淹れたはずのコーヒーだったのに、ちっとも味わえていなかったことに気づきました。

私たち人間は、今この瞬間を生きているようでいて、じつは頭の中では過去や未来に思いを馳《は》せていたり、目の前のこととはまったく別のことを考えていたり

するものです。つまり、「心ここにあらず」の状態が、多くの時間を占めています。このように、今に集中できないでいると、不安やストレスを増幅《ぞうふく》させてしまいます。マルチタスク社会、情報過多社会に生きる私たちは、1日の半分近くの時間、「心あらずの状態」に陥っていると言われているのです。

もし今に集中できていないと感じたら、「あれもこれも気になるね！　以上！」と考えすぎている頭をリセットしましょう。「心ここにあらず」状態から心を今に向けることを「**マインドフルネス**」といいます。

今に心を向けることで、割り込みしてくる思考に邪魔されることがなくなるばかりか、あれこれ一度に気にしすぎて、焦ったり落ち込んだりすることも避けられます。思考を上手に線引きして、とりあえずいったん放置するのです。

考えるべきことは、考えるべきときに、集中して考えればいい。

そうすれば、余計な焦りや不安を抱え込まずにいられるはずです。

☑「いま」「ここ」「自分」に集中する。

焦点化の原則

自分の選択を後悔したとき

「本当にこれでよかったの？」
と迷うくらいなら――

「こっちの選択でよかったことは何？」

よいことと悪いこと、同時には気づけない

人生はさまざまな岐路があります。進学、就職、結婚……。それぞれの分かれ道に立ったとき、ベストの選択ができるかどうかは、わかりません。

そのときは最善の道を選んだつもりでも、あとになって、

「本当にこれでよかったのだろうか」

「もっと幸せになれる選択があったのではないか」

と、後悔するかもしれないのです。

もし、自分の選んだ人生を悲観し始めてしまったときは、

「こっちの選択でよかったことは何？」

と、自分に聞いてみましょう。この「脳内ひとりごと」で、悪いことにばかり当たっていた焦点を、意識的に「よかったこと」へと当て直すことができます。

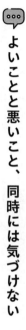

結婚生活も一五年を迎えたFさん。夫婦仲もよく、子どもにも恵まれて幸せに暮らしてきましたが、最近、夫がリストラにあい、再就職が難航していました。夫はふさぎ込むことが増え、Fさんも少しずつストレスを溜め込んでいました。

そんなとき同窓会の知らせが届き、気晴らしにと参加したのです。そこでかつての恋人と再会しました。彼は変わらず優しく、仕事の話をする姿は生き生きとしているようにFさんの目に映りました。

もし彼と結婚していたら……という考えが頭をよぎったのです。今みたいにストレスを溜め込み、鬱々とした生活とは無縁だったかもしれない。帰宅してもそんな根拠のない妄想が止まりません。日々に疲れていたFさんは、夫との結婚を後悔するような気持ちになっていました。そこでふと、

「逆に、夫との結婚を選択してよかったことは何？」

と考えてみました。すると、次々に思い浮かぶのです。夫はこれまで、文句も言わず家族のために働いてきました。今だって、再就職して乗り越えようと頑張っています。出産にも育児にも協力的な夫でした。誕生日には、プレゼントを

欠かしません。あらためて振り返ってみれば、夫との結婚生活にはFさんがほしかった幸せがあふれていました。

人が自問自答するとき、よい点と悪い点を同時に見出すことはできません。たとえば、「なぜ失敗した？」と問えば、数々の失敗の原因や自分の行動に焦点が当たり、ネガティブな答えが止まらなくなります。これを「**焦点化の原則**」といいます。ネガティブに焦点を当ててしまえば、悪いことしか思い浮かばないし、ポジティブに焦点を当てれば、よいことばかりが思い当たります。どちらに焦点を当てるかで、見える世界はまったく異なるものになるわけです。

過去の選択肢を悔やむ気持ちでいっぱいのとき、あなたの焦点はネガティブなほうばかりに当たっているはず。「こっちの選択でよかったことは何？」と焦点を当て直してみれば、「この人生でよかった」と思えるたくさんのことに気づけるのです。

☑ 〝選択しなかった未来〟を妄想しても仕方がない。

I am OK, you are OK.

本心をそのまま伝えたとき

「言わなきゃよかったかも」
と後悔してしまうなら――

「私の思いが
伝わるといいな」

「受けとり方」は相手に任せよう

思ったことを、思ったまま伝えることはとてもむずかしいことです。今後の相手との関係を大切に思えばこそ、本心を言いにくい場面もあります。特に、相手とは異なる意見や、反対する意見を伝えたあとは後悔することもあるはず。親しい間柄であっても、本心を伝えるのは勇気がいることです。

言ってしまった言葉を取り消したいような気持ちになったときは、

「私の思いが伝わるといいな」

と、希望を持ってください。相手の思いも、自分の思いも、どちらも大切で尊重されるべきものだからです。

Tさんは、ここのところ友人の愚痴に、毎週付き合わされていました。職場の上司とウマが合わないらしく、友人は不満を抱えていたのです。

話を聞いてみると、たしかにその上司はとても真面目で物言いがきつく、部下の指導に厳しい印象です。おおらかで、悪く言えば大雑把な友人と相性が悪いのもうなずけました。ただ、上司の言っていることは間違っていないな、とTさんは感じました。ミスをすれば嫌味を言われはするものの、フォローはしてくれる様子です。

はじめは友人をなぐさめ、同調しながら話を聞いていたTさんでしたが、そのうち友人は上司に対して、「服がダサい」「声が嫌い」などと、仕事とはまったく関係ないことまで言い始めました。聞くに耐えなくなったTさんは思わず、

「上司が気に食わないのはわかるけど、ミスの指摘は間違ってないし、フォローもしてくれるんでしょ。少しは素直になって向き合ってみたら?」

と言ってしまったのです。友人はみるみる不機嫌になって「もういい!」と席を立ち、翌週から連絡がこなくなりました。

Tさんは「言わなきゃよかったかも」と後悔しました。でも、悩んで共通の知

り合いに相談したところ、

「あなたの思いが伝わるといいね」

と言われて、気持ちが吹っ切れました。自分はたしかにそう思ったし、友人がそれに納得できない気持ちも間違ってはいません。意見が異なったとしても、どちらかがよくて、どちらかが悪いわけではないのです。

自己と他者とを比較せず、自分はありのままでいいし、相手もありのままでいいのだという考え方を「I am OK, you are OK.」といいます。こちらの意見を相手に伝えたとき、それを批判的、もしくは肯定的に受けとるかは相手次第です。

一方、言わなければよかったというあなたの後悔は、自分を否定するもので、あなた自身を苦しめるでしょう。その受けとり方もやはりあなた次第なのです。

「私の思いが伝わるといいな」ととらえ方を変えることで、あなたの心を守ることができます。相手の心と同じくらい、自分の心も大切にしてあげてください。


自分の「伝えたかった」という気持ちも大事。

第4章

テンションが上がらないとき……

自分も相手もハッピーになる「脳内ひとりごと」

「あの人がうらやましい！」

と相手を妬むくらいなら

ポジティブな投影

嫉妬の気持ちに苦しめられたとき

「あの人がうらやましい!」
と相手を妬むくらいなら——

「あの人は、未来の私」

嫉妬の気持ちとのうまい付き合い方

心穏やかに暮らしていきたいと思っていても、ふいに湧いてくるネガティブな感情――たとえば、嫉妬や焦りや諦めといった感情に振り回されてしまうことがあります。特に昨今、SNSでとても幸せな家族の暮らしぶりや、夢を叶えて手に入れた理想の生活を発信する人たちがとても増えています。

自分らしく、やりたいことにチャレンジしている人を見て「素敵だな」と思う反面、ふがいない自分と比べて落ち込んでしまうこともあるでしょう。

それくらいなら見なければいい、とわかっていても気になってしまう。比べてしまう。そんな自分に嫌気がさしてしまいそうなときは、

「あの人は、未来の私」

と、頭の中でつぶやいてみましょう。目の前の輝いている人と、未来の自分が

つながっていると思えば、自分の行く先に期待を持つことができます。

Eさんは最近、二年前まで一緒に働いていた同僚のSNSを、よく眺めるようになりました。最初は「元気にしてるかな?」という軽い気持ちだったのです。

しかし、そのうち変化のない自分の生活と比べて、同僚の暮らしはとても充実しているように思えてきました。いつも表情は明るく生き生きしています。

一方、自分は、素敵な暮らしとは無縁。同僚のSNSを見ているとうらやましくて、気持ちが沈んでくるのです。見なければいいとわかっていても、チェックせずにはいられません。

久しぶりにその同僚に会ったとき、落ち込んでいたEさんは思わず、

「どうしたら、そんなふうに生きられるの?」

と、ぽろりとこぼしてしまいました。すると同僚は、

「私は未来のあなただよ。」

と言ったのです。煙に巻かれたような気持ちでしたが、家に帰って同僚のSN

Sを見ながら、「この人は、未来の私」と考えてみると、なんだかワクワクしてきました。素敵なあの人みたいになれる未来が、自分にもあるかもしれない、と思えました。同僚がやっていることに自分もチャレンジするなら、どんなことを真似してみたいか、いろいろなイメージが湧いてきたのです。

私たちは自分の中にある不快な感情や欲求について、無意識に「自分ではなく他人の中にあるもの」としてとらえようとすることがあります。この心の働きを「**投影**」といいます。

また、ネガティブな感情だけでなく、自分の中にある願望や素敵なところなどポジティブな部分も、他人を通して見ようとすることがあるのです。素敵な人を見て「うらやましい」という気持ちがあふれてくるなら、それはきっとあなたの願いと共通する部分があるからです。

よりよい未来を引き寄せるためのヒントが、きっとそこにありますよ。

☑嫉妬は、「ポジティブな目標」に変換できる。

チャンキング

一歩が踏み出せないとき

「あれをやらなきゃ」
とわかっていても行動を起こせないなら――

「それをやるメリットを、まずは考えてみよう」

「どうするか」は後回しでOK

やる気はある。やりたいと心から思っている。しかし、現状は一ミリも前に進んでいない……。やるべきだとわかっているのに、なぜか最初の一歩を踏み出せないこと、ありますよね。

重い腰をどうにか持ち上げて、行動を起こしたくなる方法があったら、たくさんのものごとが滞りなくスムーズに進むはず。

やろうと思っているのに、なかなか一歩を踏み出せないときは、

「それをやるメリットを、まずは考えてみよう」

という「脳内ひとりごと」をとなえてみましょう。具体的に、「これをしよう」「あれをしよう」と考えるより、大雑把に「どんないいことがあるかな?」とイメージをふくらませたほうが、人は動き始めやすくなるのです。

Lさんは、家がいつも散らかっていることをずっと気にしていました。でも、仕事から疲れて帰ってきたあと、夕食を作って、洗濯物をたたんで、明日の準備をして……とやっていると、片づけにまで手を出す気力も体力も残っていません。今日こそやるぞ、と心に決める日もあります。でも、帰りの電車の中で、

「キッチンのものを捨てて、リビングのあれをどかして、棚を整理して……」

と、片づけの手順を具体的に考えていると、「なんだか面倒だなあ」とやってもいないのにやる気が失せていくのです。

あるとき、同僚に、片づけが苦手でどうしようもないと愚痴をこぼしたところ、

「私も片づけは面倒。でも毎日ちょっとだけ頑張ると、物がなくなってイライラしたり、探すのに時間をとられたりしないから結果的にラクなんだよね」

と言われたのです。なるほどと思ったLさんは、

「片づけるメリットを、まずは考えてみよう」

と気づきました。イメージとして浮かんだのは、スッキリ広々した空間で、ゴロゴロ寝転がりながらリラックスしている自分の姿。そしてLさんは、今日は

ちょっとだけ頑張ってみようかなと思えたのです。

「それをやるメリット」についてざっくりと抽象的に考えてみて、そこから具体的な行動を考えることを「チャンキング」といいます。

何かを実現するための道のりには、ラクなことより、辛いこと、困難なこと、面倒なことのほうが多いもの。意志は固くとも、具体的に「どんな行動をするか」を考えたとき、大変なことばかりが思い浮かぶと、躊躇してしまうでしょう。

だから、具体的な行動を考える前に、「それをやるメリット」を、まずは考えてみよう」とするのがおすすめ。「きっとこんないいことがあるな」くらいぼんやりした抽象的なイメージで十分です。その先にいいこと、楽しいことがあるとわかっていれば、最初の一歩を踏み出しやすくなります。

具体的にどうやるのかは、踏み出してみてから考えても遅くありません。

☑とにかくやってみないことには、何も始まらない。

セルフマネジメント

気力が湧かないとき

「今日もやることがいっぱいだな」
とうんざりしているより——

「今、一番
何がしたい？」

自分の心と体を自分でケアする

人は頑張る人を応援したくなります。仕事でもプライベートでも積極的に挑戦して、精力的に動き回り、あれもこれも好奇心を持って挑んでいく人を讃《たた》えます。

頑張る人は、すごい人です。

でも、人間は永遠に頑張り続けることなどできません。頑張ることは大切ですが、同じように自分の心と体に休息を与え、労《いた》わることもとても大切なのです。

しかし、頑張る人ほど、自分のことには無頓着になってしまうことがあります。

頑張りながらも疲弊せず、心身ともに健康的でいるためには、自分をケアする時間を意識的に作ることが不可欠なのです。ですから、ときどき自分に、

「今、一番何がしたい？」

と、心の中で問いかけてみてください。その答えの中に、あなたをケアするた

めのヒントがあります。

自他ともに認める頑張り屋のDさんは、負けず嫌いでチャレンジ精神旺盛、かつポジティブ思考の持ち主でした。落ち込んでもすぐに立ち直れると豪語するほど、自己肯定感も高かったのです。

ところが、あるときから急に遅刻やミスが増え、体調不良で通勤すらままならなくなってしまったのです。夜、明日こそ仕事に行かなければと思うのに、朝になると起き上がる気力も湧きません。

周りのすすめもあって休職したDさんは、私の講座に参加してくださいました。そこで私は、一週間のうち一日だけ、「心のケアをする日」を意識的に作ることをご提案しました。その日の朝、「今、一番何がしたい?」と自問自答します。そして、出てきた答えをそのまま実行するのです。

Dさんは「心のケアをする日」を土曜日と決めました。そしてその日は、本当にしたいこと――たとえば、パジャマで一日中ゴロゴロしたり、美容室に行ったり、おいしいものをお腹いっぱい食べたりしたのです。そうして心身を少しずつ癒やしていったDさんは、しばらくして仕事に復帰することができました。

頑張り屋さんは、頑張ることが苦ではありません。だから、ひたすら頑張ってしまいます。常に「頑張る」という思考で行動し続け、その結果、気づかないうちに心身が限界まで疲弊してしまうことになるのです。

だから、意識的にケアの時間を作り、心身の健康を守ることが大切です。

このように自分のことをケアしたり、管理したりすることを、「**セルフマネジメント**」といいます。

心のケアに丸一日を割くのは難しいなら一日三〇分だけ、それも無理なら一〇分でもかまいません。その瞬間に自分が一番やりたいこと、一番幸福感を得られることを、素直にやってみるようにしてください。

☑あなたが素直にやりたいと思えることは何?

ストレスコーピング

すぐ気分を変えたいとき

「どうも調子が上がらない……」
けど、原因がわからないなら――

「今、何をしたら、スッキリ気分になれる？」

「解決」にこだわりすぎるのも考えもの

妙に心がモヤモヤする。理由はわからないけれど、気分が上がらない……。

私たちは何か心身に不調があると、「原因は何なのか」「どうすれば解決するのか」を考えがちです。しかし、そこにばかりこだわっていると、いつまで経っても現状を変えられないままかもしれません。

モヤモヤする気分をどうにかして解消したいときは、

「今、何をしたら、スッキリ気分になれる？」

という「脳内ひとりごと」で、「解決しようとする思考」から、「とりあえず今を変えるために対処する思考」に切り替えてみましょう。

Gさんも、原因不明のモヤモヤに悩む一人でした。仕事、人間関係、健康にも特に問題はないのに、気分が上がりません。きっと何か原因があるはずだと、あちこちの病院をまわりましたが、いっこうに解決策が見つからないのです。努力が無駄に終わったような気がして、ますます気をふさいでしまいました。

そんなとき、久しぶりに同年代の友人たちと食事をすることになりました。モヤモヤは相変わらずですが、話を聞いてもらいたい気持ちもあって、Gさんも参加したのです。「最近、原因不明のモヤモヤが続いている」とGさんが切り出すと、

「わかる。妙に気分が沈んじゃうことってあるよ」

「疲れのせいかな？　でも薬を飲むより、気分転換するほうが効果的な気がする」

「そういうとき、私はひたすら寝る。根本的な解決にはならないけど……」

と、口々に話し出しました。みんな同じような経験があることに、どこかほっとしたGさんは、みんなに倣《なら》って、とりあえず今の気分をどうにかする方法はないかな、と考えたのです。

「今、何をしたら、スッキリ気分になれる？」

と自問自答して、まずは体をスッキリさせるためにマッサージに行ってみようと決めたのです。その結果、明日はどうなるかわからないけれど、今この瞬間だけは、たしかに頭も体もスッキリして、モヤモヤ気分がラクになりました。

原因がわからないことを解決しようとすれば、ストレスは溜まるばかり。ストレスや心の不調に上手に対処することを「ストレスコーピング」といいます。解決までの道のりは「原因↓解決方法↓実践↓いい結果を得る」と長いものです。これを達成するまでに、たとえ一時的にでも、今このときの気分を上げ、ストレスを減少させて、心が軽くなれるなら、それはとても意味があることです。

体のケガにも、とりあえずの応急処置をほどこして、あとでじっくり治療することがありますよね。心のケガも同じこと。今の自分をなるべく心穏やかに生きられるように、応急処置を上手にとり入れていきましょう。

☑ 明日の自分は、明日処置してあげればいい。

ニューロロジカルレベル

マンネリ化した日々が続くとき

「しょせん、自分なんて……」
と卑下していないで――

「私の役割は〇〇です！」

自分の「立ち位置」は自分で決める

人は誰でも、自分の人生の主役です。けれど、たくさんの人の中にいる自分は、しょせん、ただのその他大勢にすぎない……。そんなふうに思い込んでいる人が多いように思います。

決して不幸なわけではないけれど、最高に幸せなわけでもない。

そんなふうに、毎日がマンネリ化してつまらなく感じてしまっているなら、

「私の役割は○○です！」

と、自分で自分にレッテルを貼ってみたらいいのです。自分のあり方をちょっと強引にでも変えてみると、意識が変わり、気分や行動、結果も変わり始めます。

そろそろアラフォーの足音が近づいてきたWさん。職歴も長いですが、責任あ

る立場についているわけでもありません。黙々と事務作業をこなす日々です。同期の友人たちは、結婚して辞めていったり、ステップアップのために転職していったり……。人と比べても意味はないと思いながらも、同じことを繰り返しながら一日を消化するだけの毎日に、虚しさを感じていました。

ある日、後輩の二人が立て続けにミスを起こしました。二人とも慌てふためき、上司は怒りを爆発させて、現場は大混乱です。

しかし、Wさんは以前、同僚が同じようなミスをしたことを覚えていました。その対応を手伝ったからです。そこで、上司にミスの対応に自分が手を貸すことを提案し、二人を落ち着かせてからとりかかり、なんとか事なきを得ることができました。

後輩たちはとても感謝してくれました。上司は「今後も頼りにしてるよ」とねぎらってくれました。他の同僚からも、「やっぱり頼りになる」「うちの部の生き字引だから」と声をかけられました。

このときはじめて、自分が周りから一目置かれていることに気づいたのです。

Wさんは、「とるに足らない事務員」ではなく、「代わりのきかないベテラン」でした。この出来事をきっかけに、自分への認識を変えることができました。すると仕事に対するやる気も湧いてきて、充実感を覚えるようになったのです。

このように、使命や役割に基づいて価値観が生まれ、能力を使った行動をしたり、行動を起こすことで環境に影響を与えたりすることを「**ニューロロジカルレベル**」といいます。

変化のない日常を淡々とこなす生き方も、一つの幸せな生き方です。それで十分な人もいます。一方で、ときめきもない日々に、気分が上がらない人もいるでしょう。後者のような人は、「私の役割は○○です！」という「ひとりごと」で、自分の使命や役割に対しての自己意識を変えてみましょう。

「しょせんはこんな自分」という思い込みから脱することで、マンネリ化した日々からも脱却してしまいましょう。

☑意識が変われば、〝いつもの毎日〟も変わる。

オール・オア・ナッシング思考

二の足を踏んでしまうとき

「絶対うまくいきっこない」
と自分にブレーキをかけてしまうより――

「そうとも言い切れないよね？」

"二極化"が思い込みを生む

いいか、悪いか。正しいか、間違っているか。成功するか、失敗するか。

私たちはこのように、何かをやろうとするとき、考えようとするとき、一〇〇に転ぶか、ゼロに転ぶかで判断しようとしがちです。

失敗しそうなら、はじめからやらないほうがいい。間違った道を選んだら、正しい道に戻れない。そんなふうに考えてしまうのです。

でも、何もやらないうちから、未来がネガティブなものであると決めてしまうのは、ちょっと極端な考え方。実際のところどうなるかわからないうちから、チャレンジを潰してしまいます。

うまくいくとは思えないからと自分にブレーキをかけてしまうときには、

「そうとも言い切れないよね?」

という「脳内ひとりごと」で、極端な考えを自分から切り離し、チャレンジする気持ちや行動力をとり戻していきましょう。

結婚して五年目のSさんは、夫の両親と同居する話が思いのほか早く浮上してきて、頭を抱えていました。「絶対にうまくいきっこない」と、どうしても気が進まないのです。周りには義両親と同居している友人もいますが、嫁姑問題でみんな苦労していて、愚痴が止まらないのをよく知っています。

しかし、夫は「親孝行ができる」と張り切って、勝手に話を進めています。なぜなら、これまで自分たち夫婦と両親が良好な関係を築いてきたと信じているからです。じつはその裏で、義両親とほどよい距離感を保ちつつ、季節の贈り物を欠かさないなど、Sさんが並々ならぬ努力をしてきたことに気づいていません。

ある日、家の間取りについて話し合いたいと、義両親に呼ばれました。イヤイヤ参加したSさんでしたが、お姑さんから、

「暮らしてみてやっぱり別居がいいと思ったら、それでもかまわないよ。元気な

うちに、あなたたちと一緒に楽しく暮らしてみたかったの。ありがとう」と言われたそうです。このときSさんは、うまくいくか、いかないかの二択しかない、と思い込んでいた自分に気づきました。

うまくいくか、いかないか。白か、黒か。こういう極端な考え方を「オール・オア・ナッシング思考」といいます。もし「絶対」「決して」「毎回」「必ず」といった言葉から思考が始まったのなら、それはものごとを二極化して思い込んだり、決めつけたりしている可能性が高いのです。視野が狭まり、偏ったものの見方をしているかもしれません。

そういうとき、「そうとも言い切れないよね？」と自分に問いかけることで、他のもっと柔軟で新しい思いつきが導き出されることがあります。

ものごとは必ずしも白黒つけられないもの。第三、第四の選択肢が隠れている場合もあります。その中に、あなたにとって最善の選択肢が見つかるかもしれません。

☑ 白でも黒でもない、グレーなものの見方があっていい。

バウンダリー

相手にマウントをとられたとき

「なんか見下されてる！」
と不快に思うくらいなら――

「適度に心の距離を置こう」

自慢話にうんざりしたら

上司と部下、先輩と後輩といった上下関係が面倒なことになりやすいのは、昔からよく知られていることです。ただ、同期であったり、同年代の人たちの集団であったりと、誰もが対等な関係のはずなのに、そこに優位性を持ち込んできて、人を見下したり、称賛されたがったりする人たちがいます。

要するに、マウントをとりたがる人たちです。

彼らは自慢話などを繰り返しては、「自分のほうが上だ」とアピールします。マウントをとられたほうは、話をしているだけでテンションは急降下です。

マウントをとろうとしてくる相手に嫌気がさしたときには、

「適度に心の距離を置こう」

と、自分に提案してあげてください。相手と自分の間に境界線を持つことで、自分を守るのです。

Fさんは念願の職場に転職できて、心を踊らせていました。前の職場より同年代の若手が多く、意見交換も活発に行なわれていると聞いていました。

ところが、Fさんの期待は裏切られたのです。新しい職場にはマウントの嵐が吹き荒れていました。

「こちらのプロジェクトに比べたら、ずいぶん小規模ですね」

「そんなことも知らないの？　私は前職の頃からこんなの当たり前だったわよ」

「僕、○○会社の社長と懇意にしてるんですよ。この雑誌に出てる人」

こんな自慢話をしてくる人ばかりです。Fさんは内心うんざりしながら、愛想よく「さすがですね！」「すばらしいです！」を繰り返していました。

しかし、仕事に慣れてきたころ、マウント合戦を「へー」「そうですか」といった感じで上手にスルーしている人がいることに気づいたのです。聞くと、

「いちいち付き合ってたら、疲れちゃうでしょ。上手に距離をとるのがおすすめ」

と、アドバイスをもらいました。それ以降、Fさんは相手の自慢話に過剰な反応せず、「そうですか」とだけあいづちを打つようにしたところ、マウントをとってくる人たちは次第に離れていきました。

このように、適切な人間関係を築くために引く、相手との境界線のことを「**バウンダリー**」といいます。

同僚や知人、普段親しくしている人、同じグループに所属している人など、比較的親しい人からの自慢話は、なかなか邪険にしにくいもの。波風立てないように、聞いてあげたり、褒めてあげたりしなければ、と思いがちです。

しかし、それがあなたを心底疲弊させるのであれば、付き合う必要はないのです。「適当に心の距離を置こう」と決めて、関係を壊さないくらいのほどよい距離をとる方法を探ってみましょう。相手と自分の間に上手に線引きすることが、長くお付き合いを続けていくための秘訣なのです。

☑ 人付き合いがうまいのは、「適当」がうまい人。

アンカリング

感情にムラがあるとき

「また今日も心がモヤモヤ」
原因不明のメンタル不調が悩みなら――

「『お気に入り』で気分を変えよう」

自分を元気にする「とっておきのアイテム」を用意して

人の感情は、意外と些細なことで揺れ動きます。また女性は、ホルモンバランスの乱れが原因で、感情にムラができることもめずらしくありません。いつでも健やかに、穏やかに、メンタルを保つことはむずかしいのです。

なかなか気分が上がらないなと思ったときは、

「『お気に入り』で気分を変えよう」

と、「脳内ひとりごと」をつぶやいてみましょう。あなたの気分をよくするアイテムを利用して、一瞬で心持ちを変えてしまおうという作戦です。

Tさんは、ひどい生理痛に悩まされる女性の一人。気分も急降下し、何もやる気が起きません。しかし、生理にまつわる不調は、あまり周りに理解してもらえないのです。職場でも「態度が悪い」と受けとられ、悩んで私の講座に来てくださいました。

まず私がTさんにお話ししたことは、

「気分のムラや乱れがない人はいません。ですから、感情のゆらぎを無理にどうにかしようとする必要はありませんよ」

ということ。これを前提に、一時的にでも気分を変えられる方法をお探しなら、

「五感を使って、過去のいい感情や心地いい気分を再体験する方法はどうですか」

とご提案しました。これを「**アンカリング**」といいます。

まず、Tさんがほしいと望む感情を、一つ決めてもらいました。Tさんは「心地いい感情」を選びました。そこで、過去に「心地いい」と感じた体験はなかったか、思い出してもらったのです。すると、「リラックスしたいときは、オルゴールの音色を聞きます」と教えてくれました。

次にオルゴールの音色を聞いている自分をイメージしてもらい、そのときの「心地いい感情」を思い出したら、両手を軽く握って、感情を体に閉じ込めるよ

うにイメージしてもらったのです。

イメージするのがむずかしければ、実際にアイテムを使用するのもおすすめ。アイテムを引き金に、得たい感情を得るのです。Tさんなら、直接オルゴールの音色を聞くことで、心地いい気分を再体験すればいいということ。お気に入りのアイテムを使えばよりリラックスしやすく、アンカリングもしやすいでしょう。

・視覚――楽しかった思い出の写真や、元気の出る動画。
・聴覚――気分が落ち着く音楽。
・嗅覚――香水。アロマ。ハンドクリーム。
・触覚――布。人のぬくもり。
・味覚――好きな飲みもの、食べもの。

五感に訴えかけるために、このようなアイテムを駆使して、自分の望む感情を上手に引き出してみましょう。いざというときのお守りとして活用してください。

☑ 五感を使って自分を癒そう。

状況のリフレーム

残念すぎる出来事があったとき

「ガッカリ……」
と気落ちするより――

「もし、視点を変えてみたら？」

落胆した自分の気持ちを持ち直すには？

手に入るはずだったものが、手に入らなかったとき。順調だったはずの仕事が、失敗してしまったとき。うまくいきそうだという確信があっただけに、それが叶わなかったとき、私たちはひどく落胆してしまいます。

一度落ちた気分ややる気を、もとに戻すには、意外と時間がかかるものです。もし、落ち込み具合がひどい状況になりそうなときでも、すぐに浮上できる方法があったとしたら、とても理想的だと思いませんか。

期待が外れてしまったとき、

「もし、視点を変えてみたら？」

という「脳内ひとりごと」で、今の状況に対する別の見方、新しいとらえ方がないかどうか、仮説を立てて検証してみてはどうでしょう。思いどおりの状況でなかったとしても、必ずしも悪いものとは限りません。

最近、仕事で忙しくしているKさんは、日用品の買い出しに行く暇もありません。しかし、学生時代からお世話になっている先輩に久しぶりに会おうと誘われ、なんとか予定を一日空けました。

Kさんは、余裕を持って家を出るタイプ。待ち合わせ場所に少し早めに着いたので、近場のお店をリサーチしました。以前から行きたかった人気店にダメもとで電話したら、運よくランチの予約をとることができました。

ところが、約束の時間間際になって、「外せない予定が入ってしまった」と先輩から連絡がきたのです。Kさんは、あれこれ手を尽くして時間を空け、準備も万端に整えた自分の苦労が水の泡になったと、ガッカリしてしまいました。

しかし、さてこれからどうしようか、と思ったとき、Kさんは久しぶりに自分の時間がゆっくりとれることに気づきました。幸いにも、おいしいランチは予約済み。あとの予定は空白ですから、久々に映画を見てもいいし、ショッピングを楽しむこともできます。期待していた状況ではなくなって残念だったけれど、視点を変えて見れば、それほど悪い状況でもありません。Kさんは気分が切り替わって、休日を目いっぱい楽しもうと前向きな気持ちになれました。

悩みや問題などにぶつかり行き詰まったとき、その状況の枠組み（フレーム）を変えることを「**リフレーム**」といいます。

気分が落ち込んでしまったとき、そのきっかけとなった出来事をいくら悔やもうと埒《らち》が明きません。場合によっては、怒りや悲しみが増幅されるばかりです。

そんなときは、「もし、視点を変えてみたら？」と、現状に関して別の考え方、とらえ方ができないか考えてみるのがおすすめ。止まっていた思考が動き出し、発想が広がって、ポジティブな視点に気づくことができます。落ち込んだままでは見逃したかもしれない、現状にあるいい側面を発見できる可能性があるのです。

☑ **残念がっていればいるほど、残念な現状は続いてしまう。**

第5章

不安で落ちつかないとき……

頭の整理整頓をする「脳内ひとりごと」

「どこから手をつけたらいいの？」と途方に暮れたら

ベイビーステップ

どうしようもない不安に襲われたとき

「将来が不安……」
とため息が出てしまうなら――

「具体的に何に対して、
どのくらい不安なの？」

「先が見えない」状況を可視化する

先行きの見えないこの時代、将来を不安に思っている人は多いと思います。今はよくても、未来はわかりません。わからないから不安になります。

将来、お金に困ることはないだろうか？　この生活を維持していけるのか？　家族は健康でいられるだろうか？

あれもこれも不安に思い始めたら、キリがありません。

もし、予測不可能な将来への不安におそわれるのなら、

「具体的に何に対して、どのくらい不安なの？」

という「脳内ひとりごと」が、あなたの不安を軽くするのに一役買ってくれます。ぼんやりとした不安を、わかりやすい不安に変えてしまうのです。

Gさんは、いつも預金通帳を眺めてはため息をついていました。家計に不安があったのです。貯金は十分とはいえないし、まだ幼い子どもたちもこれから学費がかかります。結婚するとなれば、いくらか資金も出してあげたい……。

マイホームの夢もあります。また自分たち夫婦の老後も、年金を多くは期待できないし、親の介護の問題も出てくるでしょう。つい先々のことを考えて「将来が不安だな」とこぼすと、「何がそんなに不安なの？」と、夫はピンと来ていない様子です。「これから学費もかかるし、老後資金だって、十分な蓄えがないと不安じゃない！」と言うと、

「具体的にどれくらい蓄えがあればいいの？」

と聞かれて、Gさんは答えに詰まってしまいました。

必要な蓄えがわからなかったGさんは、まず現在の家計を具体的な数値で確認してみました。食費や生活費、蓄え、住居費などを確認した上で、将来かかるお金についても、具体的な計画を立ててみたのです。

先々が大変なことには変わりありませんが、目標が具体的になったことで、今どう行動すればいいかも見えてきました。漠然とした不安はなくなり、今できることに集中できるようになったのです。

このように、目的や目標を達成するため、ものごとを小分けにして、少しずつ前進させることを「ベイビーステップ」といいます。よちよち歩きの赤ちゃんが進む歩幅くらい、ほんの少しずつ進めていくイメージです。

また、不安で落ち着かないときや、やる気が出ないとき、まず無理のない範囲で手作業をするのがおすすめ。これを「作業興奮」といいます。手と頭を使うことで脳の側坐核《そくざかく》が刺激され、ドーパミンが分泌されて、やる気が湧いてくるのです。

漠然とした不安がなくならないときも、「具体的に何に対して、どれくらい不安なの?」という視点から、まずは問題点や改善点などを明確にして、手書きで書き出してみると、心が落ち着きを取り戻しやすくなります。

☑ **とりあえず、全部書き出しみてから考えよう。**

課題の分離

仕事が山積みになっているとき

「どこから手を付けたらいいの？」
と途方に暮れたら――

「やらないと私が困るのは、どれ？」

増え続けるタスクをどうさばく？

やっても、やっても、やるべき仕事が減らない。一つ終わったら、また一つ増えていくタスクに、ガックリと肩を落としてしまうようなことはありませんか。あれもこれも山積みになって、どこから手をつけたらいいのかわからなくなってしまったときには、

「やらないと私が困るのは、どれ？」

という「脳内ひとりごと」をとなえてみましょう。現状を少しでも改善するためには、溜まった仕事に優先順位をつけて、タスクを仕分けること。そのために、「放っておいたら困るのは誰か」という視点を持つことが必要なのです。

Aさんは、仕事が速く正確なので、上司からも同僚からも信頼は厚く、頼りにされていました。ただ、任される仕事もどんどん増えていくのです。やっても、

やっても、仕事が山積みの状態。初めはやりがいを感じていましたが、次第に手が回らないと感じるようになってきました。遅くまで残業するのも日常です。

ある日、いつものように忙しくしていると、

「そんなことまで、Aさんがやっているんですか？」

と驚かれたのです。それは、部下に指示した仕事の手直しでした。仕事の遅い部下を何度もせっついてやらせたものでしたが、納得できる完成度ではなく、ついつい手を貸してしまったのです。たしかにこれは自分がやらなくてもいいな、と気づいたAさん。あらためて自分のタスクを、

「やらないと私が困るのは、どれ？」

という視点から、総ざらいしてみました。すると、部下や同僚がやるべき仕事の手伝いに時間を取られていることが多いとわかったのです。これらのタスクを手放したことで、Aさんはより自分のタスクに手をかけられるようになったばかりか、仕事量をずいぶん減らすことができました。

このように直面している課題を「やらなければ自分が困るもの（自分のタスク）」と「やらなくても自分が困らないもの（他者のタスク）」に分ける考え方を**「課題の分離」**といいます。

タスクの本来の持ち主と関係が近ければ近いほど、他人のタスクを背負い込んでしまうことがあります。しかし、やるべき本人にきちんと任せることで、その人も自分のタスクと向き合うことができます。自分のタスクをこなすことは、大変な面もあるでしょうが、大切な気づきを得たり、成長の機会になったりすることもあるのです。

頑張り屋さん、優しい人ほど、他人のタスクを無意識に背負ってしまうことが多いもの。それで自分のタスクに手が回らなければ本末転倒です。

日頃から、「やらないと私が困るのは、どれ？」と自分自身に問いかけて、タスクの持ち主は誰なのかを、意識的に点検するクセをつけましょう。

☑ **自分がパンクしてしまったら本末転倒。**

RAS

自分の本音が知りたいとき

「このままでいいの？」
と不安にさいなまれるより――

「制限なしなら、
私が叶えたいことは何？」

あなたの〝ストッパー〟を外す魔法の言葉

進学や就職など人生の折々で、私たちは自分自身に問いかけてきました。

「本当にやりたいことって、何？」

そしていくつかの選択肢の中から、最善の道を選んできたはず。ただし現実には、私たちの夢や希望にはさまざまな制限がかかります。お金や場所、時間、環境などの制限によって、選びたい道を選択肢にすら挙げられないこともあります。

大人になってからは、なおさら夢を追いにくくなります。さまざまな事情を理由に、挑戦する前から自分で自分にブレーキをかけがちです。

もし、自分が本当に望む未来が見えてこないのなら、

「制限なしなら、私が叶えたいことは何？」

と、自分に聞いてみてください。

自分の年齢も収入も能力も、今置かれている環境もすべて関係ありません。何でも望めるとしたら、あなたは何を叶えたいのか考えてみてほしいのです。

就職して三年、仕事も慣れてきて、生活も落ち着いてきたBさん。でも、毎日がどことなくつまらないと感じていました。職場と家を往復するばかりの日々です。先々にも不安があって、「このままでいいのだろうか」といつも心が晴れません。漠然とした不安を抱えて、私の講座を受講してくださいました。

そこで、「この先、何がしたいかわからない」というモヤモヤが湧いてきたら、
「制限なしなら、私が叶えたいことは何？」
と、自分に問うことをご提案したのです。これまでに心地いいと感じたこと、幸せだった瞬間を参考に本当に望んでいることを考えてもらいました。すると、
「旅行に行きたいです。それから、趣味だったカメラをまた再開したい」

そんな願いをBさんから聞くことができました。学生時代は旅行が好きで、あちこちによく足を延ばしていたそうです。しかし就職してからは、足が遠のいて

いました。Bさんはとりあえず休みを利用して日帰り旅行を楽しみ、その写真をSNSにアップすることから始めました。そうして、「こうしたい」「これをしよう」と意識し始めた途端、それに関する情報がテレビやSNSから次々に入ってきたのです。

このように脳には、興味・関心のある必要な情報を、多くインプットする役割があります。これを「RAS（脳幹網様体賦活系）」といいます。制限をかけずに自分の本当の望みを洗い出してみると、これが強化されるのです。

いつまでも漠然とした不安がなくならないのは、進む道に何の目標も目的もないため、何をすべきかわからないのかもしれません。

でも、自分の叶えたい望みが明確になると、それにつながる情報がどんどん入ってきて、動き出さずにはいられなくなるはず。そして動き出せばきっと、あなたの願いは叶いやすくなっていくのです。

☑「こうしたい！」「こうしよう！」があなたの人生を動かす。

if, thenプランニング

計画どおりにいかないとき

「失敗した。もうダメだ」
と諦める前に――

「プランBに切り替えよう」

失敗を帳消しにする「別プラン」

何事もマメでしっかり者の人ほど、事前にきちんと計画を立て、計画どおりに進めていくことを理想としがちです。たしかに計画は大事ですが、ものごとは計画どおりにうまくいくとは限りません。イレギュラーなことはしょっちゅう起こります。

失敗して計画倒れになることもあります。ズレが生じて、計画を練り直す必要が出てくることもあるでしょう。予想外のことが起こりすぎて、頭を抱えることだってあるかもしれません。しかし、そこで諦めたり逃げたりしてしまったら、それまでの努力は水の泡。

もし計画どおりにいかないと思ったときは、心を落ち着かせ、計画を練り直し、目的を達成させることが大事です。そして、

「プランBに切り替えよう」

という「脳内ひとりごと」で早速、進路変更にとりかかってください。もちろん、事前にリカバリー用のプランBを用意しておくことが大事です。

Hさんはくじ引きで、社員旅行の幹事になってしまいました。総勢一〇〇名の大所帯をまとめなければなりません。前年度の幹事から聞き取りをし、宿泊先やバスを確保し、観光地を決めて、なんとか準備を整えました。

しかし、心配もあります。一つは、当日は雨が降りそうなこと。もう一つは、参加者の年齢層が広く、観光の際、みんなのペースが合うか不安なのです。

ある日、家でスパイ映画を見ていました。主人公は入念な計画を立てていましたが、予期せぬアクシデントが起きたのです。ところが、主人公は慌てず、じつは用意していた別プランで華麗に乗り切りました。

なるほどと感心したHさん。社員旅行が雨だった場合の対応策として、室内での観光を「プランB」として用意しておくことにしたのです。

「もしこうなったら、こうする」と、事前に「いつ」「何を」やるかをはっきり決めておくことを「**if, then プランニング**」といいます。失敗したり、予想外のことが起きたりして、当初の計画どおりにいかなかったとしても、事前にリカバリー用の別プランが用意してあれば、落ち着いて目的を果たすことができます。

実際、Hさんの心配したとおり、社員旅行の当日は天候が悪くなってしまいました。しかし、別プランを用意しておいたHさんは慌てることなく、プランBに切り替え、無事に社員旅行を成功させることができたのです。

計画がうまくいかなかったとしても、それが想定外の失敗ではなく、想定内の出来事であれば、淡々と受け止められます。

別プランを用意するときは、「こうなったら、やらない」という方向にはしないこと。そもそもの計画どおりにいかないこともあるという前提で、異なる新たな「プランB」を用意することが大切です。こうすることで、ピンチに陥ることなく、スムーズに行動を進められます。

☑うまくいかないこともある前提で動こう。

メタモデルの歪曲

悪い方向にばかり考えてしまうとき

「もしかして嫌われてる？」
と疑心暗鬼になるより——

「本当にA＝Bなの？」

思い込んでいる自分にツッコミを入れる

周りの人の何気ない振る舞いや、ちょっとした出来事から、

「もしかして私、嫌われてる……？」

と、不安になったことはありませんか。

メールになかなか返信がもらえない。挨拶をしても妙にそっけない。仕事のこと以外、話しかけてくれたことがない。一度不安になると、些細なことまで気になって、いつまでも心がザワザワしてしまいます。

「私のこと、嫌ってますか？」

と聞ければ白黒つけられるけれど、かなりの勇気と覚悟が必要です。

相手の心はわかりません。だけど、自分の気持ちは自分で切り替えられます。

もし、「嫌われてるかも？」と疑心暗鬼に陥ったら、

「本当にA＝Bなの？」

という視点を持てると、不確かな情報に振り回されて余計な心配をすることがなくなります。

Nさんは、ランチの時間を苦痛に感じていました。広いとはいえない休憩室で、同僚たちが和気あいあいと食事をしている中、一人だけ少し離れたところに座り、会話にも入れず、食事をしなければならないからです。「一緒に食べよう」と誘われたこともないので、

「これは嫌われてるってことなんだろうな」

と寂しく思っていました。同じ空間にいるのがいたたまれず、ランチタイムはイヤホンをつけて動画を見ながらしのいでいました。

ある日、うっかりイヤホンが外れて、動画の音声が周りに流れてしまいました。Nさんが慌てていると、

「その動画、私も見てる！」

と、同僚が声をかけてくれたのです。それをきっかけにみんなの話が盛り上が

り、Nさんも自然に会話の中に入っていくことができました。

Nさんは、「ランチに誘われない＝嫌われている」と思い込んでいただけ。同僚たちは、Nさんは動画を見ながら静かに食事をしたいのだと、ただ気を遣っていただけでした。

私たちは、明確な根拠がないまま、会話や出来事のある部分を抽出したり、省略したりすることで「A＝B」というネガティブな結論づけをしてしまうことがあります。これを、「**メタモデルの歪曲**」といいます。

「嫌われているかも」「評価されていないかも」など、悪い方向へと予想が進み、不安がつのるときは、「本当にA＝Bなの？」と自分にツッコんでみましょう。根拠のないことで無駄に不安になっていると気づけば、心もうんと軽くなります。

☑ほとんどの人は、あなたを嫌ったりしていません。

勇気づけ

自分を勇気づけたいとき

「頑張ってきたつもりだけど……」
と自信を失いそうなら――

「頑張ってきたこと、
知ってるよ」

「評価せず、無条件に」が「勇気づけ」の基本

表には出さないけれど、裏でたくさんの努力を重ねている人もいます。生来そういう人であったとしても、大人になるにつれて、次第に頑張ることに疲れてくる人もいるでしょう。

特に、年を経るごとに、自分の苦労や大変さに気づいてくれる人は少なくなっていきます。すると、自己肯定感の低い人ほど、

「頑張ってきたつもりだけど、本当にこれでいいのだろうか」

と、自分に自信を失いがちなのです。もし、これまで懸命にやってきたことに疑問を感じ始めたときは、

「頑張ってきたこと、知ってるよ」

と、自分で自分を応援してあげてください。

Lさんは、三年勤めた会社を辞めました。職場環境がよくない中、必死に頑張ってきたつもりです。しかし、納得できないことが多々あり、転職を決意。在職のままでは残業続きで時間がなく、思い切って辞めることにしたのです。

そんなとき親戚の集まりがあり、「最近どうしてるの？」と聞かれたことから、Lさんは退職したことを話しました。すると、

「これだから、若い人は我慢が足りない」

「生活はどうする？　いい歳して親の世話になるつもりか」

と責められ、辞めた経緯を尋ねてくれる人もいません。Lさんは、反論したいと思いつつも、「自分が悪かったのだろうか」と不安になってしまいました。

そのとき黙って聞いていたLさんのお母さんが、

「娘はよく頑張ってましたよ。ずっと見てましたから。よい結論を出したと思います。転職活動にも積極的だし、私は何も心配してません」

と言ってくれたのです。お母さんはLさんを信じてくれました。

「それなら私だって、私を信じなければ」

と、Ｌさんは不安が消し飛んでいくのを感じました。自分が頑張っていることを一番知っているのは、Ｌさん本人だからです。

なんとか一歩踏み出してみよう――。そう思える温かい心がけや態度は、困難を克服する力を与えてくれます。これを「**勇気づけ**」といいます。大切な人を思う気持ちで、自分自身にも「頑張ってきたこと、知ってるよ」と伝えてあげてください。

「勇気づけ」は「褒める」のとは少し違います。条件や結果に基づいて「だからすごいね」と伝えるのが「褒める」。「勇気づけ」は、いい結果も悪い結果も関係なく、頑張ってきたプロセスを「見ていた」「知ってる」「応援している」と伝えます。

いつも見てくれている人がいる、というだけで、それが自分自身であっても、大きな支えになるのです。

☑ あなたは三六五日、あなた自身の応援団長。

ストラテジー

焦りを感じたとき

「一体どうすれば……！」
とパニックになるより――

「うまくいったときは、何が見えて、聞こえて、どう感じてた？」

五感を使って「成功体験」を思い出そう！

あなたが得意なこと、自信を持っていることは、どんなことですか？

きっと誰にだって、「これなら誰にも負けない」と自負するものがあると思います。ただし「弘法も筆の誤り」という言葉もあるように、得意だからといって、いつでもどこでも必ずうまくいくわけではありません。

自信があるからこそ、思いがけず失敗したり、十分な力が出せなかったりすれば、ひどく慌てますよね。そんな状況になったとき、パニックにならないための「脳内ひとりごと」があります。

「うまくいったときは、何が見えて、聞こえて、どう感じてた？」

と、自分に尋ねてみるのです。成果が出ている瞬間の五感の使い方をたどることで、うまくいかないときも焦らず、落ち着いた状態へ戻ることができます。

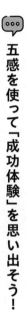

仕事でプレゼンテーションをする機会が多いJさん。社内でも社外でも、大きな会場でのプレゼンも経験豊富で、評判も上々。自分でも自信を持っていました。

久々に大会場でのプレゼンが予定されていたのですが、トラブルが起きました。スタッフが開催時間を間違えていたのです。リハーサルをするつもりで早めに会場に入ったのに、「あと一〇分で本番です！」と言われてしまいました。

モニターの位置や聞き手との距離感、マイクなど、何も確認できていない。Jさんは普段のリズムを狂わされて落ち着きません。そのとき心配した同僚に、

「大丈夫？　いつもどおりにやればいいよ」

と声をかけられました。そこでJさんは、

「いつもはどうやっていたっけ？」

とあらためて思い出してみたのです。まずモニターが近すぎると気づきました。それを自ら移動させつつ、マイクの音量を下げるようにスタッフにお願いしました。いつもより大きすぎたからです。身振り手振りを加えること、聞き手とはアイコンタクトをとることなど、うまくいったプレゼンでは必ず気をつけているこ

とも思い出し、今回も心がけました。

一時はどうなるかと心配したプレゼンも、落ち着いてこなすことができました。

成果を出すために駆使している五感の使い方、パターン、行動の順序のことを「**ストラテジー**」といいます。わかりやすく言い換えると、過去、成果が出せたときの感覚——イメージしたもの（視覚）、心の声（聴覚）、記憶（体感覚）など内的なものや、映像（視覚）、声や音（聴覚）、触れたもの（体感覚）など外的なものをよみがえらせることで、今の不安が緩和し、落ち着きを取り戻せます。

そのきっかけに、「うまくいったときは、何が見えて、聞こえて、どう感じてた？」という「脳内ひとりごと」がぴったりなのです。複雑に考える必要はなく、うまくいっているときの「感覚」を取り戻すように促せるので、不思議と心が落ち着きます。あなた本来の実力を発揮することができるはずです。

☑ピンチのときは、「いい感じ」だった自分を思い出そう。

記憶の固定

眠れない夜に

「眠りたいのに、眠れない」
と落ち着かないなら――

「私は私を
守っているのね」

「眠れない夜」には理由がある

眠れない夜に苦しむことはありませんか。

気がつけば深夜になり、いつの間にか空が白んできた……。早く眠らないと明日の仕事に支障が出てしまう。そう思えば思うほど、焦ってしまい眠れるような気がしません。

眠れない夜に焦ってしまう自分には、

「私は私を守っているのね」

という言葉をかけてあげてください。眠れないのは、理由があります。

無意識に、自分で自分を守ろうとしているのです。

眠れない夜はたいてい、ネガティブな感情や、心乱された出来事など、あなたを苦しめるような何かが頭の中を渦巻いているはずです。

仕事で取り返しのつかないミスをしてしまったとき。健康診断の結果、再検査の指示を受けたとき。恋人と別れた日。明日、顔も見たくない大嫌いな人と会わなくてはいけないとき……。

私の講座にも、「眠れない」と苦しみを訴えてこられる方が、たくさんいらっしゃいます。そういうとき、私はこのようにお伝えするのです。

「それは、あなたのことを、あなた自身がちゃんと守ってくれているからですよ。大丈夫。あなたの頭の中にイヤなことを残したくないから、脳が頑張ってくれているんですよ」……と。

眠らなきゃいけないのに、眠れない。それは、「イヤなことを頭の中に残したくない」という防衛反応なのです。

私たちは、強烈でネガティブな体験をしたとき、またそうした感情が引き起こされたとき、直後に睡眠を十分にとってしまうと、ネガティブな記憶がしっかりと、長期的に固定されてしまいます。これを「**記憶の固定**」といいます。

でも、不安になるほどの出来事や感情を、あえて記憶に残したくはありませんよね。脳がそれを回避するために、「眠らない」という選択をすることがあるのです。その結果、眠りたいのに眠れないという状況になってしまいます。

言い換えるなら、眠れないことが必ずしも悪いわけではないということ。自分のために起こっている現象なのです。もっとも、だからといって、眠らなければ寝不足になってしまう現実は変わりませんよね。

だから、「私は私を守っているのね」という言葉を心の中でつぶやくことで、「守られている」という安心感を自分に与えてあげてください。それで、たちどころに眠れるとはいいません。でも、辛いときでも守ってくれる存在が自分にはいる、という安心感は、あなたの不安を軽減してくれます。

眠りたいのに眠れないという焦りが少しでもなくなれば、心が落ち着き、自然と眠りに近づいていくかもしれません。

☑寝不足もしょうがない、と開き直るくらいがちょうどいい。

ホメオスタシス

習慣化するために

「環境の変化についていけない」と不安になるより——

「大丈夫。慣れたら不安はなくなるよ」

心も体も「いつも」に戻ろうとする？

何らかの決断を迫られたとき、私たちは考えに考えぬきます。散々悩んで決断します。決断してから、行動します。

ただ、どれだけ時間をかけて決断しようとも、

「本当によかったのだろうか？」「もっと正しい決断があったのではないか？」

という不安が拭いきれないことはありませんか。せっかく決断し、行動を起こしたのに、心にモヤモヤが残った状態では健全とはいえません。そういうときは、

「大丈夫。慣れたら不安はなくなるよ」

と、自分に声をかけてあげてください。チャレンジし、向上したのであれば、不安のないままいい状態をキープしたいですよね。そのためには、新しい状況に慣れるのが一番いいのです。

Mさんは最近、転職をしました。以前の職場は新卒で入社して一五年勤めました。住み慣れた我が家のようでした。しかし、今どき紙ベースを貫く古い体質に、Mさんは違和感を感じていたのです。

そんなとき、求人を見つけたのです。年齢的にもラストチャンスかもしれないと決意しました。新しい職場の業務は、斬新ですべてが魅力的でした。転職したことに後悔はありません。

ただ、どことなく不安が拭えないのです。心からよかったと納得できていない自分がいます。ある日、ランチミーティングで社長に「もう慣れた？」と聞かれました。そう言われると、まだ仕事にも、人間関係にも、慣れていないような気がします。

「いろいろ不安かもしれないけど、慣れたら大丈夫だよ」

と言われて、自分の不安の原因は、まだ「不慣れ」だったからだと気づいたのです。長期戦でいこう——そう決めてラクになりました。

人間には、心身ともに変化を拒み、一定の状態を維持しようとする働きがあります。これを「**ホメオスタシス（恒常性）**」といいます。Mさんは、転職という大きな変化に当たって、ホメオスタシスが働き、不安となって反応が現れたと考えることができます。

言い換えるなら、自分自身、もしくは自分の周りの環境を変えたいと思ったときは、ホメオスタシスをいかに「解除」するかがポイントになってきます。

大事なのは、いかにして脳に「変化」として察知されないように、変化を実現していくか。脳が「変化」とみなすと、元の状態を維持しようと機能してしまうからです。ダイエットでも、急激に減量しすぎると、リバウンドしやすいですよね。これもホメオスタシスが働いているわけです。

まずは些細なことや、頑張らずにできる小さな変化を繰り返して、〝脳を上手に騙しながら〟しれっと習慣化していきましょう。一度慣れてしまえば、不安も解消され、きっと心身ともにラクになりますよ。

☑自分を変えたいときは〝長期戦〟でいこう。

人生の輪

うまくいかないなと思ったとき

「こんなことでつまずくなんて」
と人生を悲観するより――

「そこだけじゃなくて、
全体を見よう」

人生には「八つの領域」がある

人生には、浮き沈みがあります。やまない雨はない、といいますよね。

でも、トラブルやアクシデントなど、悪い状況に一度陥ってしまうと、このまま、ずっといいことなど一つもないような気持ちになってしまいます。

真面目に、一生懸命生きてきた人なら余計に、たった一つでもつまずくと、何もかもがうまくいっていないかのように感じられてしまうようです。

もし、自分の人生が空回りしていると悲しくなったときには、

「そこだけじゃなくて、全体を見よう」

と、自分に教えてあげてください。視野が狭くなっていないか、本当に幸せが一つもあなたの手元にないのか、再確認することができます。

Oさんは、上司のパワハラを苦に休職していました。ある時から挨拶をしても無視され、業務連絡さえままならず、仕事に支障が出ていました。決定的だったのは、上司のミスの責任をOさんになすりつけてきたことです。Oさんは働く気力を失ってしまいました。そんなとき、私の講座に来てくださいました。

Oさんは仕事ができなくなった自分に、すっかり自信喪失されていました。復職にも大きな不安を感じています。頭の中は仕事のことでいっぱいで、それだけ目の前のことに一生懸命向き合う、真面目な方なのです。

そこで私は、人生には「八つの領域」があることをお話ししました。

①仕事（キャリア）、②お金（経済）、③健康、④家族（パートナーシップ）、⑤人間関係（友人・知人）、⑥学び（自己啓発）、⑦遊び（余暇）、⑧物理的環境、の八つです。これら八つに関するそれぞれの満足度を10段階評価して、ノートに書き出してもらいました。これを「**人生の輪**」といいます。

Oさんの場合、①仕事は休職中なので「3」、②お金は共働きなので「8」、

③健康は心は弱っていても体は健康なので「7」、④家族は寄り添ってくれているので「10」、⑤人間関係は上司以外は良好なので「9」、⑥学びは休職中に心理学を学んでいるので「8」、⑦遊びはなかなかそんな気になれず「4」、⑧物理的環境は駅近の好物件に住んでいるので「10」と評価しました。

たしかに仕事の満足度は低いけれど、人生を八つの領域から客観視したとき、全体的にはとても満足している自分に気づいたのです。

人生には、さまざまな側面があります。でも、一つがうまくいっていないと、そこにばかり集中してしまい、あたかも人生すべてに悪いことが起きているかのように錯覚してしまいます。

「そこだけじゃなくて、全体を見よう」と、視点を上手に切り替えて、あらためてあなたの人生を、横やら縦やらさまざまな視点で眺めてみてください。うっかり見過ごしているいい側面を、きっと再発見することができます。

☑ 慣れてしまった身近な幸せに気づいてください。

本書は、本文庫のために書き下ろされたものです。

一瞬《いつしゅん》で気持《きも》ちを切《き》り替《か》える脳内《のうない》ひとりごと

著者　吉村園子（よしむら・そのこ）
発行者　押鐘太陽
発行所　株式会社三笠書房
〒102-0072 東京都千代田区飯田橋3-3-1
電話　03-5226-5734（営業部）03-5226-5731（編集部）
https://www.mikasashobo.co.jp
印刷　誠宏印刷
製本　ナショナル製本

 ISBN978-4-8379-3058-7 C0130

王様文庫

王様文庫

いちいち気にしない心が手に入る本

内藤誼人

対人心理学のスペシャリストが教える「何があっても受け流せる」心理学。◎「マイナスの感情」をはびこらせない ◎〝胸を張る〟だけで、こんなに変わる ◎「自分だって捨てたもんじゃない」と思うコツ……etc.「心を変える」方法をマスターできる本！

気くばりがうまい人のものの言い方

山﨑武也

「ちょっとした言葉の違い」を人は敏感に感じとる。だから…… ◎自分のことは「過小評価」、相手のことは「過大評価」 ◎「ためになる話」に「ほっとする話」をブレンドする ◎「なるほど」と「さすが」の大きな役割 ◎「ノーコメント」でさえ心の中がわかる

面白すぎて時間を忘れる雑草のふしぎ

稲垣栄洋

みちくさ研究家の大学教授が教える雑草たちのしたたか&ユーモラスな暮らしぶり。どんな雑草もボ～ッと生えてるわけじゃない！ ◎「刈られるほど元気」になる奇妙な進化 ◎「上に伸びる」だけが能じゃない ◎甘い蜜、きれいな花には「裏」がある…足元に広がる「知的なたくらみ」

K30623